国际投资协定中
环境保护义务与投资保护义务的冲突与融合

GUOJI TOUZI XIEDINGZHONG HUANJING BAOHU YIWU
YU TOUZI BAOHU YIWU DE CHONGTU YU RONGHE

冯光 ◎ 著

中国政法大学出版社
2023·北京

图书在版编目（ＣＩＰ）数据

国际投资协定中环境保护义务与投资保护义务的冲突与融合/冯光著. —北京：中国政法大学出版社，2023.3

ISBN 978-7-5764-0729-7

Ⅰ.①国…　Ⅱ.①冯…　Ⅲ.①国际投资－经济协定－研究　Ⅳ.①D996.4

中国版本图书馆CIP数据核字(2023)第027822号

出 版 者　　中国政法大学出版社
地　　址　　北京市海淀区西土城路 25 号
邮　　箱　　fadapress@163.com
网　　址　　http://www.cuplpress.com (网络实名：中国政法大学出版社)
电　　话　　010-58908435(第一编辑部) 58908334(邮购部)
承　　印　　固安华明印业有限公司
开　　本　　880mm×1230mm　1/32
印　　张　　7
字　　数　　169 千字
版　　次　　2023 年 3 月第 1 版
印　　次　　2023 年 3 月第 1 次印刷
定　　价　　36.00 元

序

经济全球化背景下的投资自由化引发了其与生态环境保护之间的矛盾和冲突。由于环境保护的重要性日渐凸显，使得"投资保护"与"环境保护"这两个之前较少出现交集的因素在实践中产生了碰撞。

华盛顿共识以来，各国信奉的投资自由化为全球的经济增长提供了强大的动力，但其对环境造成的负面影响也不容忽视。为了应对由投资自由化带来的日渐恶化的环境问题，同时也为了对投资的流向进行一定程度的调整和限制，20世纪90年代前后签订的"国际投资协定"（IIA）中开始出现有关环境内容的条款，此后逐步得以完善。例如，《北美自由贸易协定》（NAFTA）在其投资专章（第十一章）中就规定有环境措施条款（第1114条），但内容较为单薄。《美国2012年双边投资保护条约范本》在总结相关实践经验的基础上，对投资与环境问题作出了更为详细的规定，不仅要求缔约方确保不通过削减国内环境法提供的保护来鼓励投资，而且规定缔约方为保护环境等合法公共福利目的而实施的非歧视性管理行为不构成间接征收，从而在保护投资的同时强化了环境保护的力度。作为最新一代自由贸易协定的《全面与进步跨太平洋伙伴关系协定》（CPTPP）则进一步以专章来规定环境问题，并将环境方面的争端作为缔约国之间争端解决的对象之一。环境保护成为国际经贸规则（包括投资规则）的重要组成部分。

国际投资条约约文的变化和环境保护内容的日趋强化，在司法实践过程中对投资保护程序规则和实体规则的判断标准都产生了比较显著的影响。在程序规则上，其影响主要体现在案件管辖权的确定、准据法的选择和证据规则等方面。在实体规则方面，则主要关系到缔约国国内管理权的行使与其根据国际法所承担的义务之间的冲突及协调。

冯光博士的这部著作，以"政府管理权"与投资者权益保护之间的平衡为核心，从国际投资条约约文的发展变化、仲裁程序规则的变化、征收及公平公正待遇的判断标准变化，以及我国缔约工作的实际情况及改善途径等方面，对国际投资条约中环境保护与投资者保护义务的冲突与融合问题进行了系统深入的研究，是我国在这一领域为数不多的学术专著，具有开拓性。

我国在实现中国式现代化的进程中，在推进高水平对外开放、加强投资保护的同时，也注重推动绿色发展，促进人与自然和谐共生，因此，在国际投资领域，需要进一步重视和处理好投资保护与环境保护的关系。冯光博士的这部著作不仅跟踪研究了国际投资仲裁实践中出现的投资与环境保护的新问题，而且注重结合中国实际与利益，对投资条约有关条款签订的必要性和签订后的影响进行了严谨的利弊分析和论证，并在此基础上提出能够推动我国条约谈判、签署和履约工作的一些建议。因此，本书对于我国结合国际法的理论与实践，在维护中国实际利益需求的基础上，形成具有中国特色、符合中国利益的处理投资与环境保护的规则与方案，具有重要的参考价值。

冯光博士长期在政府部门从事条约的国内法审核工作，拥有敏锐的学术眼光和丰富的实践经验，在繁忙的工作之余能将理论与实践相结合进行学术研究，实属难能可贵。本书是在他的博士论文的基础上修改而成的。作为冯光攻读国际法博士学位期间的导师，我很高兴看到本书的出版，并希望他能以此为起点，在专业领域不断深入，创造出更多有价值的成果，为我国参与国际规则的制定做出自己的贡献。谨致数语，以为序。

余劲松

2022 年 10 月 24 日

目　录

导　论

一、问题的提出

近 20 年来，环境保护成为国际社会的热点话题，也成为国际条约缔结和国际司法案例关注的重点，而很多环境问题的产生又跟跨国公司的跨国投资有关，因此，自《北美自由贸易协定》（NAFTA）之后，有关环境保护的条款成为各类国际投资条约关注的热点话题之一。2011 年，经济合作与发展组织（OECD）曾发布了一篇名为《国际投资协定中的环境关切》的工作报告，该报告统计分析了 OECD 成员国之间、OECD 成员国与非成员国之间缔结的 1623 个国际投资协定，[1] 含 1593 个双边投资保护协定和 30 个含投资章节的其他双边条约。[2] 在这些协定中，有 133 个协定，即 8.2% 都含有环境条款；所有 30 个非双边投资保护协定都含有环境条款；6.5% 的双边投资保护协定含有环境条款。[3] 在国际投资条约中设计环保义务将不可避免地与原有投资者保护义务之间产生一系列的互动和影响。

---

〔1〕 国际投资协定，指 International Investment Agreement（IIA），包括双边投资保护协定和自由贸易协定有关投资的内容。

〔2〕 Kathryn Gordon and Joachim Pohl, "Environmental Concerns in International Investment Agreements", OECD Working Papers on International Investment（Paris: Organisation for Economic Co-operation and Development, June 1, 2011）, 5, http://www.oecd-ilibrary.org/content/workingpaper/5kg9mq7scrjh-en.

〔3〕 Ibid, 5.

传统上各类投资保护协定更侧重于对投资者的保护，然而随着人类经济生活的发展和环保意识的增强，环境保护已经成为各国政策决策过程中无法回避的重大问题，尤其在制定投资政策以及缔结投资条约的过程中，从投资者保护向环境保护逐渐倾斜已经成为不可避免的趋势。因这一趋势而引发的缔约国国内环境政策的调整不可避免地对投资者的投资收益甚至存续产生影响，从而引发大量投资纠纷。由于一部条约中环境保护的条款和投资者保护的条款在效力的优先性上没有必然的标准，因此在处理这些纠纷的过程中，环境的价值不可避免地成为衡量国内政策和立法调整的因素，也进一步影响到有关投资者保护的国际法原则判断标准的变化和调整，进而在国际法原则的层面导致了环境保护与投资者保护相互冲突和融合的结果。现实中，环境保护已然成为制约投资者保护的重要法律问题。在一定程度上，将环境保护优先于投资者保护作为政治决策的起点，在充分尊重缔约国环境利益的基础上平衡对于投资者的保护已经成为时代发展的大趋势。这一趋势已经在国际实践中频繁出现。

尤其是《跨太平洋伙伴关系协定》（TPP，CPTPP 的环境章节在 TPP 的基础上做了微调，本书探讨仍以 TPP 为基础）的环境规则设计，在充分总结了 NAFTA、《能源宪章条约》（ECT）等条约和国际司法案例的经验后，进一步完善了环境保护与投资人保护之间的制度平衡，并对纠纷的解决提出了目前国际实践中最为可行的制度设计，充分体现了国际法发展的内在延续性和创新性。

从目前的实践发展看，环境保护已经在一定程度上压缩了投资者保护的尺度，同时对缔约国国内环境政策的制定和实施也产生了影响。主要表现有：其一，因环境问题而引起的国际投资争端越来越多，如 Tecmed v. Mexico 案，Metalclad v. Mexico 案，Ethyl Corp v. Government of Canada 案，Methanex v. the US 案，

Peter A. Allard（Canada）v. Barbados 案，Pulp Mills on the River Uruguay（Argentina v. Uruguay）案，Parkerings-Compagniet AS v. Lithuania 案等，[1] 这些案件虽然都以投资纠纷的面目出现，但其争议的核心问题都与环境保护有关。其二，由于涉及环境问题的投资争议大量出现，相关国际司法机构的程序规则、国际投资法的核心原则（如征收、公平公正待遇等）的判断标准也因此产生了一系列变化，如在 Parkerings-Compagniet AS v. Lithuania 案中，联合国教科文机构提供的相关资料成为案件裁决的重要依据，而 Merrill & Ring Forestry L. P. 案则对 Neer 案中确立的判断公平公正待遇的标准提出了新挑战。其三，如前文所述，国际投资协定中与环境保护有关的条款逐渐增多并日趋完善，这种变化在平衡投资者保护的同时提高了缔约国环境保护的标准，同时也强化了缔约国国内环境法规的制定权，在一定程度上免除了缔约国因调整环境政策而被诉至国际司法机构的风险。这些变化既是国际法发展的自然过程，也是人类价值观逐渐向环境保护倾斜的过程。因此，从现实意义上讲，有必要就环境保护对投资者保护影响的具体表现和法律效果进行梳理和分析，探究其中的原因、规律和发展方向，对我国未来缔约工作的开展提供有价值的建议。

　　而从理论意义的角度，对环境保护和投资者保护交叉领域的研究同样有客观必要性。本文认为，投资者保护与环境保护之间的冲突与融合是国际法领域长期存在且标准尚未统一的现实问题，体现在以下几个方面：

　　第一，各类包含环境保护内容的条约在最近 30 年间大量出

---

　　[1]　上述案件均是由环境保护或其他公共利益问题引发的投资争端，案件的仲裁或审理过程中对国际投资法领域的重要法律原则，如征收、公平公正待遇等，引入了新的判断标准或者采取了不同推理方法，影响了国际投资法领域相关法律原则的发展。有关案例的详细情况，在后文引用过程中均有阐述。

现，给缔约国的国内环境政策提出了各种或宏观或微观的要求，随着全球经济向"绿色"经济的转变，这类环境保护条约对缔约国施加的义务开始逐渐对私人经济领域（包括私人投资），产生了一定程度的影响。

1972 年，联合国通过了《联合国人类环境大会宣言》和《环境行动计划》；1982 年 10 月 28 日，联合国大会通过了《世界自然宪章》；1992 年在巴西里约热内卢召开的世界环境与发展大会产生了五个文件，分别是《联合国气候变化框架公约》、《生物多样性公约》、《关于所有类型森林的管理、养护和可持续发展的无法律约束力的全球协商一致权威性原则宣言》（简称《森林宣言》）、《里约热内卢环境与发展宣言》和《21 世纪议程》。这些条约和文件的签署生效，确立了国际环境法的明确法律体系，也确立了国际环境法的有关法律原则，如一个地球原则、尊重国家主权和不损害国外环境原则、预防原则、共同责任原则等。[1]

由于条约与条约之间效力的高低并没有确定的标准，因此上述国际环境条约的影响程度还难以用准确的数据进行描述，但有一个现象可以说明这种影响，即越来越多的 IIAs 中出现了反映环境保护的内容。如美国 BIT 范本从 2004 年版开始就出现了详细的"环境与劳工"条款，明确对跨国投资提出了环境保护的要求，对缔约国国内环境政策的制定也进行了约束。新的《美国 2012 年双边投资保护条约范本》（以下简称 2012BIT 范本）延续了《美国 2004 年双边投资保护条约范本》（以下简称 2004 范本）的模式，沿用了有关环境保护的内容并进行了较大的修改，

---

〔1〕 林灿玲：《国际环境法》，人民出版社 2004 年版，第 158、162、177、180 页。

使环境保护的内容更为详尽。而内容上更为详尽复杂的自由贸易区协定则出现了十分完备的环境章节，对缔约国的环境保护和环境政策的制定提出了更为具体的要求，这一点的集大成者当属TPP。我国新近缔结的《中韩自由贸易协定》也有单独的环境章节。上述条约的目的是希望能将投资限制在一定的环境框架内，或者说希望投资遵循一定的环境和社会标准。但条约层面的努力常常对于实际的经济活动难以产生直接的有效影响，通常都是"软控制"。

第二，除了条约在制度层面的相互影响外，环境保护与投资者保护之间更为有效、直接的冲突与融合实际上出现在投资仲裁领域。国际上有众多专门处理投资问题的司法和准司法机构，有关投资者保护的各类国际法原则和标准也十分完善，但是国际上并没有独立的"环境法庭"或者"环境仲裁庭"，因此环境保护对投资者保护的影响一直徘徊在这种"软控制"或者"软影响"的阶段，难以产生更为直接有效的结果。然而，随着近年来IIAs数量的大幅增长和国际投资仲裁数量的增加，环境保护对于投资者保护的"软控制"或者说"软影响"开始有了一定程度的变化，尤其是相关问题进入司法或准司法领域后，这种影响的效果就变得十分直接。

从国际仲裁实践的角度，影响力比较大的案件是解决投资争端国际中心（ICSID）和某些特设仲裁庭审理的东道国环境措施引起的纠纷，[1] 比如 Tecmed v. Mexico 案，Metalclad v. Mexico 案，Ethyl Corp v. Government of Canada 案等。在上述案件中，仲裁庭都支持了投资者的诉求，否定了东道国的环境措施。而在

---

〔1〕 韩秀丽："从国际投资争端解决机构的裁决看东道国的环境规制措施"，载《江西社会科学》2010 年第 6 期。

Methanex v. the US 案中，仲裁庭转而支持了加利福尼亚州的环境措施。这种法律判断上的波动恰好体现了环境保护与投资者保护之间的冲突与融合是一种现实存在的法律上与价值上的争论。

这些实践进一步促进了有关环境问题的缔约发展，同时也推动了涉及环境问题的国际投资法相关原则判断标准的变化，比如，"法庭之友"逐渐成为仲裁庭主动接受的程序；"比例原则"成为国际投资仲裁中需要考虑的一个问题；[1]"公平公正待遇"的判断标准发生了细微的变化等。

第三，国际投资法自身的发展和完善也是这种冲突与融合的重要原因。

一般来讲，国际投资法的发展形成可以简单地分为两个阶段，[2]第一个阶段是 1870 年~1914 年，国际金融流动的新发展带来国际投资的大幅增长。[3]但在这个阶段，国际投资法的发展主要是通过国内法的改变来实现的。各国在缺少国际条约的情况下，通过国内法的调整来开放国内经济领域，规范外国投资。然而，新的通讯方式和运输方式加强了国与国之间的经济联系，推动了国际投资领域在国际层面的法律发展。这一阶段的发展由于第一次世界大战、20 世纪 20 年代前后各国经济关系的进一步恶化和第二次世界大战带来的动荡被迫停止。[4]1945 年后，国

---

〔1〕 韩秀丽："从国际投资争端解决机构的裁决看东道国的环境规制措施"，载《江西社会科学》2010 年第 6 期。

〔2〕 M. Sornarajah, *The International Law on Foreign Investment*, Third Edition: Cambridge University Press, 2010. 书中将国际投资法的发展分为"殖民地"和"后殖民地"两个阶段，"后殖民地"随国家对投资的态度和经济理论的发展被分为四个阶段。余劲松教授在其著作《跨国公司法律专论》中认为，规范跨国公司的国际法经历了四个阶段的发展。

〔3〕 Rudolf Dolzer and Christoph Schreuer, *Principles of International Investment Law*: Oxford University Press, 2008, p. 1.

〔4〕 Ibid.

际投资法的发展进入了新的阶段，并于 20 世纪 90 年代达到第一个顶峰。[1] 此后几十年间，跨国投资的数量高速增长，而与之伴随的正是规范国际投资行为的国际法规范的不断发展与完善。这一阶段的最大特征就是双边投资保护协定（以下简称 BIT）数量的快速增长。1990 年，全球 BITs 的数量为 500 件左右，到 2000 年，该数目就增长到 2000 件。[2] 截至 2014 年，根据经济合作与发展组织（OECD）的统计，其成员国之间、成员国与其他国家之间缔结的 BITs 和 FTAs 的数量已经超过 3000 件。[3] 除了 BITs 和 FTAs 的发展外，涉及投资的多边条约也取得了长足的发展。《关税与贸易总协定》（GATT）升级为世界贸易组织（WTO），《多边投资协定》（MAI）开始起草，ECT 签订，NAFTA 签署生效都为国际投资法的发展带来了新的促进。新兴国家，如巴西、中国、印度等吸引外资的强劲增长以及其对外投资的强劲增长都对国际投资法具体原则的界定产生了不同程度的影响。

在这种影响下，无论是国际投资法还是国际环境法的规则都随发展变得越来越明确具体，这种发展带来的影响是：其一，从投资者的角度看，投资者在各个投资领域的活动会受到这些发展的影响，国际环境法规则的发展可能会对投资带来负面影响，也可能会产生新的行业。因此，对环境规则和国家环境措施进行评估以避免不必要的损失，同时监督国家和政府防止其滥用环境措施变得非常必要。其二，从国家的角度看，出于保护环境的需要，国家出台的保护环境的管理性措施越来越多，对投资者的影

---

〔1〕　Ibid.

〔2〕　UNCTAD, World Investment Report 2001, 6, accessed October 12, 2015, http：//unctad. org/en/Docs/wir2001_ en. pdf.

〔3〕　UNCTAD, World Investment Report 2014, UNCTAD/WIR/2014, accessed August 18, 2015, http：//unctad. org/en/pages/PublicationWebflyer. aspx？ publicationid = 937.

响越来越大，然而国家对于环境规则的制定权一直受到国际投资法规则的严格限制。许多国家并没有意识到这种变化带来的巨大风险。这种风险通常会变成上百亿美元的赔偿。因此，在符合环境保护目的的前提下，对国家规制的空间进行认真评估，对于东道国来讲也是十分重要的。其三，从国际司法实践的角度，在目前已经做出结论的一些涉及环境保护问题的国际投资仲裁案例中，仲裁庭最终选择支持投资者还是东道国的环境保护措施的态度并不完全一致。由于仲裁庭对于管辖权、准据法、证据规则等法律问题采取了不同的态度和判断标准，导致裁决结果的法律逻辑上常有不一致之处。从程序规则的角度，仲裁庭对于涉及环境问题的案件的受案标准有了与以往不同的考虑，"法庭之友"的专业意见对于案件最终裁决的影响越来越突出；从实体问题的角度，国际投资法中涉及投资者保护的公平公正待遇、征收等法律问题的判断标准也出现了相应的变化。各类非政府组织对于具体案件的参与也越来越深入。

我国目前尚没有从环境保护义务与投资者保护义务相互影响的角度系统探讨环境保护对国际投资协定及其包含的保护投资者的重要法律原则在国际司法实践中的具体判断标准变迁及其内在原因的研究著作，本文试图从这一角度，对上述问题进行系统梳理，并对造成这种客观变化的原因进行剖析，尝试总结相应的规律，并为我国参与国际司法实践和对外缔约提供有价值的建议。

环境保护义务与投资者保护义务的冲突与融合通常体现在三个层面：一是国际法层面；二是国内法层面；三是合同层面。本文讨论的核心是国际法层面的冲突与融合，不会系统探讨国内法层面和合同层面的问题，仅在讨论案例的过程中可能涉及国内法层面有关问题。在国际法层面的冲突与融合（包括理念上的冲突与融合），国际投资法有关原则及程序规则的调整和改变和国际投资协定约文本身的不断发展和完善，本文将主要从这三个方面展开讨论。

　　本文论述过程中出现的"国际投资协定"（IIAs）包括双边投资保护协定（BITs）和自由贸易协定（FTAs）。从环保条款在IIAs中的表现形式看，BITs中的环保条款多为一条，而FTAs中的环保条款多数已经独立成章，比较典型的就是TPP。两者调整的法律关系不完全相同，但在作用上也有重叠的部分，如规范国际环境条约与IIAs关系的条款，规定国内法中环境法规的范围、制定及其地位的条款，与环境措施造成的间接征收有关的条款，与投资争端解决有关的条款，与促进环境合作有关的条款等。而在目前实践过程中能对投资者保护产生影响的环保条款基本上可以被上述内容覆盖。虽然BITs和FTAs在有关环境保护条款的结构和内容上繁简不一，规定的内容也不完全相同，但本文有关环境条款的讨论将局限在上述内容的范围内。因此，本文所称的"环保条款"指的就是规定上述内容的条款，而"环境保护义务"一般指缔约国根据IIAs承担的维持或改善国内环境水平、国内有关环境问题的政策（含法律法规）制定、有关环境问题的国际纠纷解决等方面的义务；"投资者保护义务"则一般指缔约国根据IIAs承担的与投资者保护有关的公平公正待遇、征收等国际法义务，以及与解决投资纠纷有关的程序性义务。

二、目前研究现状

（一）国内现状

　　伴随国际环境问题在缔约实践中的不断强化和国际投资仲裁中环境有关案件的增加，2000年以后，我国对于环境问题与国际投资间的冲突与融合的研究逐渐展开、发展起来。研究的问题涵盖了环保条款的缔约实践、具体国际条约的结构分析、环保与投资的冲突及协调、环境规则的演变、外国投资与对外投资的环保问题防范、东道国环境措施设计、有关国际组织在环保方面的实践发展等。若以分析方法和分析对象作为分类标准，可以将近年来的研究大致分为三个类别：一是以案例分析为手段探讨国际投资法具体原则的变迁，为我国立法和缔约提供建议的；二是以环保条款的具体变迁为研究对象，从缔约实践的角度，分析个别国家的国际投资协定范本中环保条款的变迁或实际缔结条约文本的变迁，或分析个别国际组织相关规定的发展变迁，以期得出经验性的结论来指导我国在此方面实践的；三是以环境与投资的冲突协调为方向，从宏观角度看待问题，并结合具体条约或案例的分析，意图对这一问题发展的宏观方向和具体细节得出规律性的结论，从而对我国在宏观和微观层面的实践都能提出指导性建议的。

目前，国内研究中使用比较多的案例是在 ICSID 仲裁的 Tecmed v. Mexico 案，Metalclad v. Mexico 案，Methanex v. United States 案，Glamis Gold Ltd. v. US 案，S. D. Myers v. Canada 案，Ethyl Corp v. Canada 案等，上述案例均是在 NAFTA 项下提出的。

前文所述的第一种研究方法中比较有代表性的有韩秀丽、刘万啸、宿培、郭桂环、李武健等人的文章。[1] 上述文章对国际司法案例均有涉及，但参照的相关案例比较陈旧，且没有论述案例与案例之间的传承关系，也未能系统地阐述有关投资者保护的各项待遇标准是如何随着社会生产力的发展而逐渐演进的。因

---

〔1〕 主要有：韩秀丽："从国际投资争端解决机构的裁决看东道国的环境规制措施"，载《江西社会科学》2010 年第 6 期；刘万啸："气候变化背景下外国投资者与政府争端的解决——以我国双边投资协定为例"，载《政法论丛》2012 年第 6 期；宿培："国际投资争端中的公共利益抗辩——以环境保护为视角"，载《湖北警官学院学报》2013 年第 8 期；郭桂环："WTO 框架下的动物福利与公共道德例外"，载《河北法学》2015 年第 2 期；李武健："国际投资仲裁中的社会利益保护"，载《法律科学（西北政法大学学报）》2011 年第 4 期。

此，系统探讨有关投资者保护的国际法原则在环境保护的压力下如何通过国际司法实践推动其判断标准的不断演进将是本文论述的内容之一。

第二种研究方法，即以环保条款变迁为对象的研究在三类研究方法中使用最多，目前的论述也最多。此类研究可以被分为两个类别：一是以美国 BIT 范本为研究对象；[1] 二是以 IIAs 的环保条款为研究对象[2]或具体环境措施为研究对象，[3] 如 ECT 的环境条款、NAFTA 的环境措施等。

以美国 BIT 范本为研究对象的，研究内容主要集中在 2004

---

[1]　主要有：陈建孝、段鹏飞："论美国 2012 年 BIT 范本中的环境保护条款"，载《法制与经济》2014 年第 16 期；胡晓红："论美国投资条约中的环境规则及其对我国的启示"，载《法商研究》2013 年第 2 期；张寒："美国 BIT 的最新发展及对我国完善双边投资协定的启示"，载《武大国际法评论》2013 年第 1 期；梁开银："美国 BIT 范本 2012 年修订之评析——以中美 BIT 谈判为视角"，载《法治研究》2014 年第 7 期；王艳冰："美国 BIT 范本的环境政策考量与变迁及其对中国的启示"，载《理论与现代化》2014 年第 6 期；罗平："美国 BIT 范本（2012）'环境规则'及中国对策"，华东政法大学 2014 年硕士学位论文。

[2]　主要有：胡晓红："国际投资协定环保条款：发展、实践与我国选择"，载《武大国际法评论》2014 年第 1 期；张光："试论对跨国投资的环境法规制"，载《经济研究导刊》2012 年第 7 期；陈冰："国际投资中的环境保护法律问题浅析"，载《引进与咨询》2005 年第 9 期；马迅："国际投资协定中的环境条款述评"，载《生态经济》2012 年第 7 期；王艳冰："将环境保护纳入国际投资协定的必要性"，载《法治论丛》2009 年第 5 期；董浩："国际投资中的环境保护法律问题研究"，兰州大学 2011 年硕士学位论文；白晓宇："国际投资协定中的环境条款评析"，外交学院 2013 年硕士学位论文；李婷婷："国际投资条约中的可持续发展问题的研究"，山东大学 2014 年硕士学位论文。

[3]　主要有：王春婕："论 WTO 体制下的单边环境措施"，载《山东社会科学》2005 年第 12 期；贺艳："国际能源投资的环境法律规制——以《能源宪章条约》及相关案例为研究对象"，载《西安交通大学学报（社会科学版）》2010 年第 4 期；杨灵一："WTO 体制下单边 NPR-PPMs 措施的合理性及制度设计"，载《宜春学院学报》2015 年第 1 期；孙法柽、唐洪霞："WTO 框架下可再生资源补贴的制度困境与消解路径"，载《昆明理工大学学报》2015 年第 1 期；于文超："WTO 下环境例外措施正当性标准研究"，湖南大学 2007 年硕士学位论文。

年范本和 2012BIT 范本内容的比较上，有关具体内容将在后文详述。

以 IIAs 的环保条款作为研究对象的，一般会探讨的问题包括 IIAs 中环保条款的必要性、条文表述、仲裁实践及国际投资法原则对环保条款的影响、对我国的影响和对策等。以 NAFTA 为例，普遍认为 NAFTA 是第一个将环境条款纳入条约正文的国际投资协定，有"最绿的自由贸易协定"之称。[1] 目前的研究成果对 NAFTA 产生、发展的历史背景和环保条款都有一定的分析和解读。对比 NAFTA 第 1102、1103、1105、1106、1110 条为保护投资者设立的国民待遇、最惠国待遇、最低标准待遇、履行要求、征收与补偿五大原则与环保规则（NAFTA 环保规则主要体现在序言、第 1114 条、第 1106 条第 6 款），有一个非常清晰的特点，即投资者保护的五大原则都有悠久的发展历史、大量理论和实践作为支撑，规则详细可操作性强。而 NAFTA 在环境保护方面做的努力一般认为缺少实际的执行效力。

NAFTA 对环境保护问题在三个方面做了规范，首先，在序言条款里规定了投资、环保、可持续发展的一致性；其次，在其第十一章投资章节中，明确了缔约国"不得降低环境标准"，其中 1106 条规定了环境例外，但并未给缔约国在环境保护方面规定具有强制执行力的义务；[2] 最后，将《北美环境合作协定》作为 NAFTA 的附件，但其内容主要是强调缔约国的环境主权、强调环境法规的有效实施、建立环境合作机构、规定公众参与

---

〔1〕 转引自：白晓宇："国际投资协定中的环境条款评析"，2013 年外交学院硕士学位论文。

〔2〕 王效文："国际投资中环境保护法律问题研究——以《北美自由贸易协定》为例"，载《北京邮电大学学报（社科科学版）》2014 年第 5 期。

等，〔1〕缺乏像保护投资者的五大原则那样的清晰可行的操作性规范。又由于后续案例多数支持了投资者，使环保义务难以具体实现，导致多数观点认为 NAFTA 环保规则设计虽然好看但是法律约束力不高、对投资者保护程度过高且更倾向于保护私人利益等。〔2〕也有观点认为 NAFTA 可以有效解决环境纠纷。〔3〕有观点认为，2004 年范本中之所以在第 8 条加入"履行要求"，加入第 12 条"投资与环境"，第 32 条允许以"专家报告"的形式来讨论环境问题，均是因为上述诸如 NAFTA 等多边条约的发展引起的。〔4〕上述观点虽有一定道理，但并不全面。美国 2004 年范本的选择并不能仅仅以多边条约的发展作为唯一的理由。

对能源宪章条约的研究主要集中在能源宪章条约发展的历史和条约第 18 条（国家对能源资源拥有主权权利）、第 19 条（环境与可持续发展核心条款）、第 26、27 条（争端解决条款）的解释和适用上。总体而言，主流观点认为 ECT 第 19 条虽然明确提及环境保护与可持续发展，且其序言中也多处提及环境问题，但是由于第 19 条本身的模糊和不具操作性，造成环境目标的实现缺乏可依赖的具体规则，从而使环境目标成为隶属于投资与贸易目标的从属目标。而 ECT 的争端解决方式也是环保主义者批评的焦点。ECT 虽然规定了投资者和国家间的争端解决方式，且确定纠纷可以提交 ICSID，但遗憾的是环境争端不适用上述有法律约束力的争端解决方式。ECT 为环境问题规定了另外的解决途径，即"没有

---

〔1〕 王效文："国际投资中环境保护法律问题研究——以《北美自由贸易协定》为例"，载《北京邮电大学学报（社科科学版）》2014 年第 5 期。

〔2〕 王效文："国际投资中环境保护法律问题研究——以《北美自由贸易协定》为例"，载《北京邮电大学学报（社科科学版）》2014 年第 5 期。

〔3〕 李歌："北美自由贸易区环境法律制度探析"，中国政法大学 2006 年硕士学位论文。

〔4〕 白晓宇："国际投资协定中的环境条款评析"，外交学院 2013 年硕士学位论文。

合适的国际机构时，由宪章大会谋求解决"。也就是说，ECT 项下的环境争端并没有有效的解决方式，而只能通过宪章大会或其他多边磋商的方式尝试解决，这种没有法律拘束力的解决方式最终导致 ECT 环境纠纷的解决无望，环境保护义务无法切实履行。

上述研究方法主要对国际组织及其法律文件的条文结构及其演变做了归纳和总结，大多从对比的角度认为环保制度在这些国际组织中不如投资者保护更为成熟严密，环保条款虽常有涉及，近期随司法实践也有所发展，但整体上缺乏可操作性，缺少应有的法律拘束力。类似结论是多数研究成果的趋势。但仅以某个条约的条款变迁作为研究对象的方法缺陷也很明显，即很容易仅关注条款本身的变化并以此来预测下一步发展的趋势，反而忽略造成这些变化的真实原因，也容易以偏概全，形成并不全面的结论。同样以 NAFTA 为例，其涉及环境问题的条款形成有很大一部分原因是各类非政府组织（NGO）共同推动的结果，一定程度上也是美国两党政治斗争的副产品，国内的研究在这方面很少涉及。

第三种以环境与投资的冲突协调为方向开展研究的文章也有不少，[1] 这一类文章主要侧重于环境保护纳入 IIAs 的必要性、国际投资与环境保护两者的关系、如何平衡投资保护和环保义务

---

[1] 主要有：刘笋："国际投资与环境保护的法律冲突与协调——以晚近区域性投资条约及相关案例为研究对象"，载《现代法学》2006 年第 6 期；蒋红莲："国际投资与环境保护法律机制"，载《学术界》2008 年第 4 期；张薇："论国际投资协定中的环境规则及其演进——兼评析中国国际投资协定的变化及立法"，载《国际商务研究》2010 年第 1 期；梁丹妮："投资保护与环境保护利益平衡机制初探——以《中国—新西兰自由贸易协定》为起点"，载《求索》2009 年第 10 期；廖昌军、周承才："中国对外直接投资的环境保护问题及其对策探析"，载《未来与发展》2010 年第 7 期；王艳冰："将环境保护纳入 IIAs 的必要性"，载《法治论丛（上海政法学院学报）》2009 年第 5 期；王晶："国际投资法中的环境利益平衡规制研究"，浙江大学 2011 年硕士学位论文；张虹雨："国际投资协定与国内环境措施的法律冲突与协调"，中国人民大学 2011 年硕士学位论文。

的冲突以及对我国的立法建议。

对于环境保护纳入 IIAs 的必要性，主要有以下观点：首先，环境问题与环保意识的全球化。[1] 环保问题早在 20 世纪 50 年代以前就已经出现了，但真正的环保概念和环保意识却是随着后来的污染加剧而逐渐形成的，随着环保问题逐渐进入国际视野，人类意识到这不是一个局部问题，而是全球性问题。其次，是跨国投资的影响。国际投资自由化对于东道国的生态环境的影响是一分为二的。[2] 发展中国家引进投资，有利于加快其经济发展，解决资金不足的问题；但由于缺乏相应的环境立法，使高污染、高能耗企业接踵而至，在某些地区造成生态灾难，20 世纪后期出现的八大公害充分证明了缺少必要的监管所带来的后果。

关于国际投资与环境保护两者的关系，通常认为二者既可以相互促进，也可能相互产生不利影响。从国际投资对于环境保护的影响角度看，国际投资如果通过恰当的资金和技术转移的确可以提高发展中国家的污染治理能力和资源利用效率，但并非所有的跨国公司都会使用较高的环保标准，世界各地出现的各种污染灾害许多都和跨国公司有着不可分割的联系。

对如何平衡投资保护和环保义务的冲突的问题，不少研究在总结现有问题的基础上提出了建议。有观点认为，我国目前外资

---

〔1〕　王艳冰："将环境保护纳入国际投资协定的必要性"，载《法治论丛》2009 年第 5 期；蒋红莲："国际投资与环境保护法律机制"，载《学术界》2008 年第 4 期；刘笋："国际投资与环境保护的法律冲突与协调——以晚近区域性投资条约及相关案例为研究对象"，载《现代法学》2006 年第 6 期；张淑苹、李俊然："浅谈国际投资与环境保护——兼论中国之法律对策"，载《广西金融研究》2008 年第 7 期。

〔2〕　蒋红莲："国际投资与环境保护法律机制"，载《学术界》2008 年第 4 期。

造成环境污染的原因主要有:[1] 国内立法环境标准较低、地方政府为单纯追求经济增长,以牺牲环境为代价对外许诺优惠条件、跨国公司将高污染企业建设在我国境内、治理跨国公司污染的法律依据不足、外资审批不严、环境信息公开制度不完善等。

针对上述问题,多数研究建议从国内国际两个层面完善我国目前的法律制度。

从国内层面,[2] 考虑完善国内立法、加强相关执法,强化环境领域的法律监督,严格外资审批制度,坚持环保审批严格把关,要建立环境信息公开制度,将外国投资环境评估与影响放置于公众监督之下,完善环境标准体系,制定国家环境政策和执行环保法规的相关评估依据和法律标准,确保内资、外资一体化,避免实践中的双重标准,彻底改变我国环保立法水平低、缺乏制裁手段和执法不严的现状。在国际层面,研究建议集中在以下几个方面:一是完善双多边条约中环境条款的内容,加强环保条款的实际操作性,完善一般例外、环境例外、国民待遇等条款的内容,体现我国的环保要求;二是明确环境条款的效力;三是重新审视条约争端解决机制。

上述研究成果的局限在于其在价值层面的研究十分集中,往

---

〔1〕 张淑革、李俊然:"浅谈国际投资与环境保护——兼论中国之法律对策",载《广西金融研究》2008年第7期;叶萍、张志勋:"论跨国公司污染转移的法律治理",载《湖南科技大学学报(社会科学版)》2013年第6期;梁丹妮:"投资保护与环境保护利益平衡机制初探——以《中国—新西兰自由贸易协定》为起点",载《求索》2009年第10期;王晶:"国际投资法中的环境利益平衡规制研究",浙江大学2011年硕士学位论文;张虹雨:"国际投资协定与国内环境措施的法律冲突与协调",中国人民大学2011年硕士学位论文。

〔2〕 张虹雨:"国际投资协定与国内环境措施的法律冲突与协调",中国人民大学2011年硕士学位论文;张淑革、李俊然:"浅谈国际投资与环境保护——兼论中国之法律对策",载《广西金融研究》2008年第7期;叶萍、张志勋:"论跨国公司污染转移的法律治理",载《湖南科技大学学报(社会科学版)》2013年第6期。

往忽略了从实证的角度和国际法发展的角度探讨环境保护与投资者保护的平衡关系。法律毕竟是一门实用性的社会科学，价值分析和实证分析缺一不可。因此，结合具体案例对我国缔约具体条款进行分析和研究将是本文写作过程中的又一个重点。

本文认为，东道国环境法规的制定和调整是其国家主权的一部分。在环境问题越来越受重视的今天，环境保护力度的加强已然成为全球发展的方向，势必影响和冲击传统国际投资法领域。虽然这种影响和冲击不可避免，但国际投资法原则的调整仍然需要在尊重传统的前提下渐进地进行，充分考虑国际法原则、缔约实践、国际司法实践、NGO 的作用等因素，在加强环境保护的同时，平衡投资者保护和环境保护之间的关系。本文的论证也将围绕上述主题展开，在对环境问题、可持续发展对国际投资法基本原则造成的冲击和变革的趋势开展研究，对条约缔约实践和国际司法实践进行梳理和研究的同时，阐述环境保护对国际投资法原则产生影响的偶然性和必然性因素，并总结相应的规律，以期对我国缔约实践和未来参与国际司法实践提供有借鉴意义的指导。

（二）国外主要参考文献梳理

与我国国内研究集中于某些条约条款变迁和政策建议的研究方法不同，本文参阅的国外研究文献的重点集中于以下三个方面：其一，通过对相关类型的条约进行系统的梳理分类，尽可能穷尽一类条约或条款在世界范围内出现的情况，然后对其进行分类数据分析，得出相应的变化数据，但不提供观点。此类研究常见于国际组织发布的报告，如联合国贸易和发展会议每年的"全球投资报告"（World Investment Report）、OECD 有关环境保护、投资仲裁、投资者与东道国纠纷解决等问题的研究报告等。其二，是对有关国际法核心原则、待遇标准等出版的知识性、学术性文献、案例汇编等，如联合国贸易与发展会议从 20 世纪 90 年代开始陆续出版的有关国际法、国际投资法等领域的一系列专业性的著作，详细阐述了国际投资法领域一系列基本原则的产生、发展的历史演变和现实状况。其三，20 世纪 90 年代至今，国际上产生了众多与环境问题有关的投资仲裁案例，针对这些案件仲裁过程中的程序规则、法律适用等问题，许多学者在发表的学术文章中提出了批评意见，并指出环境问题的出现使投资仲裁开始面临一些新的问题。这些意见又与仲裁实践不断产生互动，影响了国际投资法有关规则在细节上的不断调整。

除了上述三个方面的外文文献资料外，涉及环境问题的投资仲裁案件的裁决本身也是本文关注的重点之一，如 Tecmed v. Mexico 案，Metalclad v. Mexico 案，Methanex v. United States 案，Glamis Gold Ltd. v. US 案，S. D. Myers v. Canada 案，Ethyl Corp v. Canada 案等。这些案件对于一些核心法律原则的适用有时存在前后一致的传承关系，有时则又前后不一，后者否定前者，继而被更后者否定。这种前后不一的波动正反映了国际社会对于环境保护与投资保护之间谁更优先，谁应受到更好的保护的问题在态度上的不一致和波动，也反映了该问题目前现实的研究价值。

实际上，环境问题已经发展成为一个无法避免的国际话题，无论从国际形象的实际需要还是国家利益的考量，以及作为推动对外投资和贸易扩张的手段，将其作为双边协定的一个内容已成为大国不可避免的趋势，多边条约的发展不过是为双边条约提供了一个现成的样本而已。1985 年中国和新加坡的 BIT 中首次提及保持环境规章政策空间时，国际上许多与环保有关的多边组织都还没有出现。目前，环境保护在各类 IIAs 中的出现已经不仅仅是一种趋势，而是国际投资法发展的必然，其探讨的空间不在于应不应该出现，而在于环境保护和投资者保护之间的平衡点应该选在哪里。因此，环境保护条款如何进入 IIAs，其背后的原因究竟有哪些，将是本文探讨的内容之一。

三、本文研究方法

本文将采取下述研究方法：

（一）文本分析的方法

本文除论述基本理论外，将主要阐释与国际投资、国际环境保护、可持续发展有关的国际文件、条约的条文设计、解释适用。本文论述过程中，将逐一考察目前国际影响力比较大的 IIAs 文本，如 NFATA、ECT、美国 2012BIT 范本、TPP 等在环境保护和投资保护方面的具体规定，通过对文本的对比，尝试从文本角度客观反映环境保护和投资保护两种价值观相互冲突与融合的历史过程。通过对这一历史过程的描述，揭示两种价值观冲突与融合的历史必然以及在这种必然背后起决定性作用的物质基础。

此外，本文还将着重分析我国在实践中已经缔结并生效的 IIAs 文本，通过与上述文本的比较，总结出我国在实践中的差距并对未来发展提出具体改进的建议。

（二）案例分析的方法

有关国际投资法和国际环境保护的法律条文通常规定得相对原则、简洁、抽象，一般是通过国际法院和仲裁庭的判例来获得生命力，从而明确具体原则的适用标准。在国际法领域，国际法院的判决和各个仲裁机构的仲裁裁决对于推动国际法的发展都有十分重要的意义。所以，有必要对案例进行深入的研究分析。本文在论述中参考了 40 多份涉及环境问题的已生效国际法院判决和国际仲裁裁决，详细分析了环境保护因素对案件在程序以及实体问题上的影响，清晰地阐述了上述影响给程序规则以及投资待遇在判断标准和适用过程中带来的变化。

（三）比较法的方法

本文探讨的是国际投资法和国际环境保护法彼此冲突、融合和交叉的领域，是一个尚在发展中的课题，各个国际司法机构对于这一领域的法律原则的把握、利益平衡的尺度也存在争议，因此本身就适于做比较法研究。东道国由于其经济发展水平的进步和吸引投资的需要，在法律规范的平衡点上一直处于不稳定状态；投资者母国由于现实的经济利益则一直倾向于加强投资者的保护。国际层面的立法也在这两个利益集团的博弈中摇摆。由于各国对于有些问题的看法并不完全一致，因此本文拟通过比较研究的方法探寻规则发展和改进的方向。本文对比了各国在缔约过程中的文本差别，也对多个仲裁庭在规则适用方面的标准和价值判断进行了比较。

第一章　冲突与融合

第一节　主权国家的环境保护义务

在整个 19 世纪和 20 世纪的大部分时间里，国际环境规则仅仅是围绕着一些个别问题开展讨论的，比如水资源、跨界损害或生物资源利用等。[1] 这些具体问题讨论背后的目的仅仅是更好地利用现有的自然资源，因此在这样的背景下，经济因素的考量自然超过环境保护的因素。[2]

上述状况在 20 世纪 70 年代初有了重大改变。20 世纪 60 年代末，科学家的呼吁[3] 掀起了前所未有的要求加强环保的运动。[4] 这时期发生的一系列环境事件也推动了国际环境立法的发展。[5] 1968 年 12 月，联合国决定召开关于"人类环境"的

---

[1]　Jorge E. Vinuales, *Foreign Investment and the Environment in International Law*, Cambridge University Press, n. d., p. 10.

[2]　Ibid.

[3]　环境保护是由于生产发展导致的环境污染问题过于严重，首先引起发达国家的重视而产生的环境保护，利用国家法律法规约束和舆论宣传而逐步引起全社会重视，由发达国家到发展中国家兴起的一场保卫生态环境和有效处理污染问题的措施。1962 年美国生物学家蕾切尔·卡逊出版了一本书，名为《寂静的春天》，书中阐释了农药杀虫剂 DDT 对环境的污染和破坏作用，由于该书的警示，美国政府开始对剧毒杀虫剂进行调查，并于 1970 年成立了环境保护局，各州也相继通过禁止生产和使用剧毒杀虫剂的法律。由于此事，该书被认为是 20 世纪环境生态学的标志性起点。

[4]　林灿玲：《国际环境法》，人民出版社 2004 年版，第 26 页。

[5]　这里指前文提及过的八大公害。

世界大会。[1] 根据该决议，1972 年 6 月在瑞典斯德哥尔摩召开了联合国人类环境大会，大会讨论通过了《联合国人类环境大会宣言》和《环境行动计划》，成为国际环境法发展的分水岭。[2]《联合国人类环境大会宣言》成为人类历史上制定国际环境法规则的第一次尝试。由于国际环境规则的制定是因为人类自身的发展对环境造成严重影响，因此在保护环境的同时，考虑融入"发展"和"增长"的概念就成为其规则设计的特点之一。[3]

在这个时期，国际环境法的规则设计仅是确定问题的存在并明确需要采取行动。或许是因为环境问题的严重程度和当时环境保护问题的紧迫性已经成为全球共识，联合国人类环境大会强调了环境保护的特殊重要性，并认为为保护环境而对经济发展产生一定程度内的损害是可以接受的。[4] 这种认识也造成了在国际环境法诞生之初，其与国际投资法的潜在冲突已不可避免。

这种冲突的趋势在里约热内卢"环境与发展大会"上更为明显地表现了出来。大会关注的焦点问题是如何确定综合的发展概念以及如何将环境保护与经济发展融合起来。大会产生了五个文件，分别是《联合国气候变化框架公约》《生物多样性公约》《森林宣言》《里约热内卢环境与发展宣言》和《21 世纪议程》，其中《里约热内卢环境与发展宣言》和《21 世纪议程》的核心就是"可持续发展"。这一概念被用来推进环境保护和经济发展的融合，减少其中的冲突。

世界环境与发展委员会在《我们共同的未来》中将可持续

---

〔1〕 林灿玲：《国际环境法》，人民出版社 2004 年版，第 27 页。

〔2〕 林灿玲：《国际环境法》，人民出版社 2004 年版，第 27~29 页。

〔3〕 Jorge E. Vinuales, *Foreign Investment and the Environment in International Law*, p. 9.

〔4〕 Ibid, 11.

发展定义为："能满足当代人的需要，又不对后代人满足其需要的能力构成危害的发展。它包括两个重要概念：需要的概念，尤其是世界各国人们的基本需要，应将此放在特别优先的地位来考虑；限制的概念，技术状况和社会组织对环境满足眼前和将来需要的能力施加的限制。"

然而，"环境与发展的平衡"迄今依然未能完美解决，还是经常出现在各种国际环境谈判的问题清单中。从国际谈判的实践看，环境与发展平衡问题关注的焦点更多地侧重于"因环境保护措施给贸易和投资带来的限制"，两者之间的平衡发展或者说外资保护和环境保护的和谐解决并没有真正成为关注的焦点。正如WTO谈判中，环境保护问题并没有被真正列入核心谈判；而GATT和WTO争端解决的实践也多是从环境措施对于贸易的限制角度考虑解决问题。这虽与WTO作为国际贸易组织的核心职能有关，但也从一个侧面反映了环境保护在具体实施方面的难度。

为了更好地推动外资保护和环境保护的融合，推动环境规则的落实，里约环发大会之后，国际环境法上的义务开始从国家层面逐渐向企业层面扩展。根据2000年12月第55届联合国大会第55、199号决议，2002年8月各国国家元首和政府首脑、国家代表和非政府组织、工商界和其他主要群体的领导人齐聚约翰内斯堡召开会议，将全世界的注意力集中在可持续发展的各项行动之上。会议认为，私营部门是实施之前10年形成的环境保护国际框架的核心，尤其在水资源、能源、健康、农业和生物多样性等领域，[1] 并通过东京议定书确立了公私伙伴关系、环境保护金融项目、市场机制等计划。

―――――――

〔1〕 Ibid, 13.

经过多年的发展，国际环境法领域达成了一系列的条约，如《人类环境宣言》《世界自然宪章》《环境与发展宣言》《21 世纪议程》《可持续发展宣言》《内罗毕宣言》等，并形成了一套国际环境法的基本原则。[1] 2002 年，国际法协会（International Law Association）发表了《与可持续发展有关的国际法原则的新德里宣言》（以下简称《新德里宣言》），[2] 将与可持续发展有关的国际法原则明确为七条，分别是：①确保自然资源可持续使用的国家义务；②公平与消除贫穷；③共同但有区别责任；④与人类健康、自然资源、生态系统有关的预防原则；⑤公众参与、信息获取及司法公正；⑥善治原则；⑦相互影响与融合，尤其在人权与社会、经济与环境目标领域。《新德里宣言》的第 1、3、4、5、7 条这五条原则为处理环境保护与投资的关系设定了国际法领域的原则框架。[3] 无论是从国际环境法的基本原则还是从《新德里宣言》的内容都可以看出主权国家在环境保护方面的主导地位。

2009 年，联合国大会决定召开新一届 2012 全球环境峰会。新的峰会确定了两个主要议题，分别是"绿色经济"和"可持续发展框架"。这里的"绿色经济"概念已经从传统的对可持续发展的理解，发展到了一个新的阶段。国际环境法已经不满足于在不影响经济发展的前提下推动环境保护的进展，转而要求各国在满足环境关切的基础上建立新的经济模式。环境保护不再是一项单纯的国际义务，转而变成了具有竞争力和营利性的经济行

---

〔1〕 林灿玲：《国际环境法》，人民出版社 2004 年版，第 162~183 页。

〔2〕 ILA New Delhi Declaration on Principles of International Law Relating to Sustainable Development, ILA Resolution 3/2002, Annex, published as UN Doc. A/57/329. The Declaration is available online at http: //www. cisdL. org/pdf/newdelhideclaration. pdf.

〔3〕 Andrew Newcombe, "Sustainable Development and Investment Treaty Law", *Journal of World Investment & Trade*, 8（2007）, pp. 357-408.

为。沙祖康大使曾说，这不是他平时强调的那种绿色经济，而是基于致力于消除贫困的可持续发展之上的绿色经济。[1] 这种经济发展模式已经不再满足于将环境保护融入经济行为，而是要求新的经济发展行为应满足环境问题的关切。这种新的经济发展模式和环境保护要求将有可能设定新的市场规则、创造新的商业机会、影响和改变现有国际法原则。对于某些产业来说，绿色经济的概念意味着放弃旧的生产模式和生产线，转而寻求全新的商业机会；而对于国际投资来说，则有可能意味着投资倾向更多地转向在环保方面具有重要战略意义的领域，比如能源、水资源的有效利用等。

从关注个别领域环境问题到"人类环境大会"的召开，进而提出"可持续发展"的概念，再到"绿色经济"概念明确环境保护的优先地位，环境保护与经济发展之间的平衡一直是国际政治和条约谈判的重要话题。环境保护从一个仅关注具体领域的不太重要的议题逐渐成为全球瞩目的焦点问题，并在某种程度上超越了经济发展的重要性，既体现了环境保护问题刻不容缓，也体现了环境保护与经济发展在特定领域不可避免的冲突。1962年的《各国对其自然资源之永久主权宣言》强调，"必须承认各国依其本国利益自由处置其天然财富与资源之不可剥夺权利"。1992 年《环境与发展宣言》重申了上述内容。此外，包括《建立国际经济新秩序宣言》《各国经济权利和义务宪章》在内的一系列国际条约都对上述原则进行了肯定和重申。这些条约所确定的一项重要原则就是主权国家对其环境领土管辖权，也明确了国家在推动环境保护和可持续发展方面应当承担的国际义务。

---

〔1〕 "2012 年联合国可持续发展大会——里约峰会"，载 http：//baike. baidu. com/link？url＝QefilPPps5FＣoNL_ RtOY7－ig7sT5jUUsupU2WAZHcmU56KlIx7Iqw0ZJt-wdu8Pnpv3862mAtNaOGTs6HEeBZuK，最后访问时间：2015 年 10 月 20 日。

第二节　从保护投资到多利益平衡

国际投资法的重要渊源是 IIAs，其散落在数以千计的各类 IIAs 中，构成了规范国际投资流动的既复杂又重要的法律体系。截至 2013 年 11 月，全球现有 BITs2866 个，其他 IIAs 约 345 个。[1] 经过近 50 年的发展，这些数量众多的条约对投资保护的具体原则进行了详尽的规定，而有关环境保护和可持续发展的内容是进入 20 世纪 80 年代中后期才开始出现的。因此，国际投资法也被诟病只对东道国保护外资的义务进行保护，而对投资应该对东道国的社会、环境等可持续发展问题承担何种责任保持沉默。事实上，经过近半个世纪发展的 IIAs 并不仅仅对投资保护规定了具体原则，同样也将其具体条文覆盖了社会、环境等可持续发展问题。虽然从客观角度讲涉及上述问题的 IIAs 在绝对数量上并不占多数，但目前的发展趋势表明环境与可持续发展问题已经越来越多地成为 IIAs 从谈判到签署被关注的重大问题。早期的 IIAs 的确更侧重对于投资者的保护，环境保护的条款在条约中一般都处于从属地位，且操作性比较差，更多是侧重政治态度的宣示。而近年来缔结的 IIAs 中，环境保护条款的篇幅开始增加，可操作性也在逐渐增强，如 2012BIT 范本第 12 条"投资与环境"就规定了 7 款内容，对环境立法进行了详细的定义，同时明确了一定范围内的环境法规不会构成"征收"，从而对投资者保护条款构成了明显的制约，反映了国际司法和缔约实践的趋势。

---

〔1〕　OECD, "Reports on G20 Trade AND Investment Measures", 59, accessed October 27, 2015, http://www.oecd.org/daf/inv/investment-policy/10thG20TradeInvestment. pdf.

2.1 从建立贸易关系到保护投资

国际上用来保护贸易利益的双边条约很早就存在，这些条约就是早期的"友好、通商、航海"条约（以下简称 FCN），投资保护基因就体现在这些条约里。[1] 不过早期签订 FCN 的目的并不在保护投资，而是建立稳定的贸易关系。据考证，现存最早的此类条约是美国和法国于 1778 年缔结的。[2]

国际上明确提出投资保护的目的，真正具有双边投资条约雏形的，应当是 1958 年公布的 Abs-Shawcross 投资条约草案，该草案于 1959 年 4 月正式发布为"海外投资公约草案"（Draft Convention on Investments Abroad）。[3] 而最早缔结生效的双边投资条约是德国同巴基斯坦于 1959 年签订的。[4]

当时正值二战结束，民族独立运动兴起，去殖民化从理论变成了现实，冷战正在进行，在这种大背景下投资条约的签署除了促进和保护投资的目的外，削弱苏联影响力的政治背景是比经济目标更为重要的考虑因素。[5] 为了推行"自由国家"的经济制度增加其经济影响力，并在回应不发达国家民族独立运动呼声的同时加强对私人投资的保护，加强投资领域国际立法的重要性就显现了出来。

从 IIAs 的内容看，早期 IIAs 的目的相对单一，都是为了保

---

〔1〕　M. Sornarajah, *The International Law on Foreign Investment*, Cambridge University Press, 2012, p. 180.

〔2〕　Ibid.

〔3〕　Simon Lester："国际投资自由化还是诉讼化"，载 http：//think. sifl. org/? p=5116，最后访问时间：2015 年 10 月 27 日。

〔4〕　Howard Mann, "Reconceptualizing International Investment Law: Its Role in Sustainable Development," *Lewis & Clark Law Review*, 17 (2013), p. 521.

〔5〕　Ibid.

护在他国境内的本国投资者。当时对于去殖民化运动的担心并不仅仅是一种理论上的讨论，而是有现实案例佐证的。1952 年，国际法院就受理了英国与伊朗之间针对国有化问题提起的诉讼。在这种大背景下，20 世纪 60 年代前后缔结的 IIAs 最重要的甚至是唯一的目的就是保护私人对外投资。

2.2 华盛顿共识——从保护投资到推进投资自由化

50 年后的今天，IIAs 的数量已经超过了 3300 个，50 年前缔约背后的政治及经济原因显然已经不能继续成为今天缔结条约的唯一原因，可持续发展与投资的相互促进和需要成为现今各国缔约实践的重要背景原因，[1] 用条约保护投资安全已经不能完整体现资本输出国的需要，也不能满足资本输入国的要求。

20 世纪 80 年代前后，有关投资保护的话题产生了新的变化。华盛顿共识之后，"投资自由化"的相关表述开始比较多地出现在那个阶段缔结的 IIAs 里。1992 年缔结的北美自由贸易区协定被认为是实现投资自由化的标志性条约。NAFTA 第十一章投资部分虽然没有明确出现"保护投资自由化"的文字，但其中在国民待遇和最惠国待遇项下实现投资的"设立、并购和扩张"的表述实际上实现了投资自由化的核心目标。此后结束的世贸组织乌拉圭回合谈判用另外一种方式保护了投资自由化。首先是《服务贸易协定》（GATS）。依据协定要求，针对跨境服务贸易的第三种形式"商业存在"，各成员方需要提供作出自由化承诺的开放清单，通过这种清单的形式，成员方可以更好地控制服务贸易自由化的程度。但是，上述清单一旦作出，除非在价值相同的其他领域作出同等的自由化承诺，否则是不可撤回的。这就

---

〔1〕 Ibid.

在服务贸易领域确定了自由化的推进。其次是《与贸易有关的投资措施协议》（TRIMS）。在 TRIMS 里，WTO 禁止成员方向投资者施加与发展有关的、可能冲击自由贸易的具体措施，比如当地购买要求等。这样就等于向投资者提供了更好的保护以方便其产品的进出口。近期，欧盟也表示其有意愿将"投资自由化"加入其新的投资谈判中。[1]

2.3 投资者与东道国争端仲裁的增多

伴随 IIAs 增长而一同增长的是投资者与东道国间的争端仲裁。最早一例依据双边投资保护协定提起的此类仲裁是 1987 年投资者与斯里兰卡的争端，但此后案件数量并没有显著的增长。这种状况一直维持到 20 世纪 90 年代中期，NAFTA 第一案之后。1996 年，Ethyl Corp 提起了对加拿大的仲裁，随之墨西哥、美国相继被提起仲裁。此后，投资者与东道国争端被诉诸仲裁解决的案例大幅增长。导致这种增长的原因是多样的，但有一点可以确定的是，投资自由化导致的全球范围内跨国投资的大幅增长是重要的原因之一。

根据联合国贸易与发展会议提供的数据，[2] 1987 年以 IIAs 为依据提起的仲裁仅有 1 起；这个数量在 1995 年增长至超过 20 起；10 年后的 2005 年仲裁总量已经接近 230 起，当年提起的仲裁申请超过 40 件；到统计数据截止的 2011 年，仲裁案件总量已经超过 450 件，其中当年新提起的仲裁申请超过 45 件，达到历年总量的 10%。在所有这些案件当中，向国际投资争端解决中心（ICSID）提出的仲裁申请超过了案件总量的 2/3。

---

〔1〕　Ibid.

〔2〕　UNCTAD, "Lastest Developments in Inestor-State Dispute Settlement", 2012, 3, http：//unctad. org/en/Pub.icationsLibrary/webdiaeia2012d10_ en. pdf.

在投资者与东道国争端大量爆发之前，IIAs 一般都被看作"友善"的国际文件，缔约各方都很少将其作为法律依据来约束其他各方的行为。然而，进入 21 世纪以后，随着投资者与东道国之间仲裁案件的大量增加，IIAs 成为约束投资东道国政府非常有力的法律文件。由于许多东道国政府并不情愿将这类案件诉诸国际仲裁，因此实际争端的数量要比进入仲裁程序的案件的数量大得多。由于在此类争端中东道国对于"国际影响""面子""权威"等问题的考虑时常超过对法律问题的关注，提出国际仲裁的要求往往比仲裁本身能获得更大的利益，国际仲裁从最初"最后的保障"转变成为现在的"第一道保障"甚至是威慑的手段。

IIAs 的缔结与政治利益和意识形态有着必然的联系，当今单一的意识形态斗争已经发生了根本性的变化，环境保护、可持续发展成为人类社会发展的客观需求，也成为政治角力的新话题。而大量仲裁案件的发生也让人类意识到这一领域的现有国际法并不清晰，亟需通过条约的形式对权利义务进行清晰界定。为了顺应这种需求的改变，在 IIAs 中加入环境保护和可持续发展的内容成为一种政治必要。

第三节　环境保护与投资保护的关系

人类社会的经济发展给环境保护带来了极大的压力已经成为不可争议的事实，国际环境法正是在这种破坏的基础上发展起来的。随着法律制度的健全和对环境保护的重视，经济发展的成果已经开始被逐渐应用于改善环境，经济发展本身也在朝着环境友好的方向努力。这也是《21 世纪议程》明确指出了外国直接投资（FDI）对可持续发展的重要性的原因。环境保护与投资保护关系问题的产生实际上是人类社会发展的必然。这是因为任何生产、生活都是在一定的自然基础上展开的,[1] 从更深层次看,具有自我增长能力的投资活动对自然资源无节制的需求和拥有固定平衡体系的生态系统所能提供的有限资源供给之间存在客观的矛盾。然而必须指出的是环境保护与投资保护关系的另一面是它们共同的目标都是提高人类的生活质量,实现资源更为有效的配给,二者在最终目标上具有一致性。本节即从这个角度谈谈环境保护与投资保护之间的相互影响、相互促进的关系。

3.1 环境保护与投资保护的外在冲突

目前国际投资法体系最重要的内容就是数以千计的各类IIAs。这些IIAs的核心目的,正如前文曾经论述过的,就是保护外国投资,而其保护方式则是通过对东道国国内管理权的行使进行一定程度的限制,[2] 并通过投资者与国家间的争端解决方式来强化这一保护的执行。

3.1.1 投资自由化的影响

IIAs的内容一直是以投资保护为核心的,这种单一的目的倾向本身就是对环境问题的忽视。而20世纪80年代前后,有关投资保护的内容开始向更深的层次扩展,即推动"投资自由化"。华盛顿共识之后,"投资自由化"的相关表述开始比较多地出现在那个阶段缔结的IIAs里。1992年缔结的北美自由贸易区协定被认为是推动投资自由化的标志性条约。NAFTA第十一章投资部分虽然没有明确出现"保护投资自由化"的文字,但其中在国民待遇和最惠国待遇项下实现投资的"设立、并购和扩张"的表述实际上实现了投资自由化的核心目标。同时,华盛顿共识

---

〔1〕 林灿玲:《国际环境法》,人民出版社2004年版,第474页。
〔2〕 Newcombe, "Sustainable Development and Investment Treaty Law".

中有关放松政府监管和保护私人产权的内容直接影响了那个时期对于政府管理性措施的理解。许多条约机构和国际仲裁庭对管理性措施进行了限制性解释，由于担心政府的管理性措施引发国家责任，许多东道国不愿意对国内涉及外资的各方面政策进行调整，包括环境政策法规的调整，也就是所谓的"法规冻结效应"（regulatory chill effect）。投资保护在 IIAs 中内容的加强和国内管理性措施的慎用虽然不能说明在主观上各方有牺牲环境促进投资的倾向，但客观上引起了对外投资的大幅扩张和对环境问题的忽视，从而导致了环境的破坏。

3.1.2 污染转移的忧虑

从竞争优势的角度考虑，企业将高污染、高能耗、人工密集的项目转移到各种要求和标准更低的发展中国家将能有效提高企业在经济领域的竞争能力，这也是"污染转移说"的主要论点。有关这一点在 NAFTA 谈判过程中就曾被三方专家认真考虑过。[1] 美加两国担心由于墨西哥在各方面的成本更低，NAFTA 签订后企业出于各种原因会搬迁至墨西哥，从而促进墨西哥的经济发展，减少美加两国的就业岗位并降低其经济发展速度。

即使在 2012BIT 范本修改过程中，这种有关竞争优势的担心依然是美国官方考虑的重要因素之一。美国国际经济政策咨询委员会附属投资委员会有关 2012BIT 范本修改相关问题的报告中指出，大量实质的、有争端解决机制予以保障的环境保护义务在范本中的出现将会通过对美国及其企业增加成本的方式提高竞争对手的竞争力，并有可能危及美国目前正在进行的 BIT 项目计划整

---

[1] Gustavo Vega-Canovas, "NAFTA and the Environment", "Denver Journal of International Law and Policy", 30 (2002 2001), p. 55.

体的利益。[1] 含有实质性环保义务条款的 BIT 范本将更加缺少灵活性，更难在谈判中操作，而谈判对手有可能因此放弃与美国在 BIT 方面的谈判。[2]

还有意见认为，类似于"人类生命与健康、动植物保护、环境保护"等方面的例外会给竞争对手增加优势，而东道国政府则有可能利用上述例外掩盖其不公平的、专断的、歧视性的、征收的行为。由于在传统 BIT 的投资保护方面，即使是为了"公共利益"的征收也是需要补偿的，要有及时、充分、有效的补偿，"公共利益"本身并不能证明征收的合法性。而且过多的例外会损害 BIT 固有义务条款的效力，并伤害美国在 BIT 背后更为重要的、推动投资自由化的政策目标。[3]

由于各国发展水平的不一致和需求的不同，上述担心的问题客观存在，且都有现实的例证。2012BIT 范本第 12 条的规定充分体现了上述担心。作为最为核心的争端解决机制，第 12 条第 6 款规定了环境问题应由双方政府进行磋商，并在投资者与东道国争端解决和东道国之间的争端解决条款中排除了因环境问题而引起的争端，从而尽可能地限制了环境例外的司法和准司法解决途径。同时，通过明确政府行使管理权的"善意"要求，明确"环境法"的定义，对环境例外做了尽可能的限制。

当然，可持续发展作为全球大趋势，其影响环境保护内容进入 IIAs 已经成为必然，上述担心的内容并不能阻止这一趋势变

〔1〕 The Subcommittee on Investment of the Advisory Committee on International Economic Policy, "Report of the Subcommittee on Investment of the Advisory Committee on International Economic Policy Regarding the Model Bilateral Investment Treaty", September 30, 2009, https://www.state.gov/e/eb/rls/othr/2009/131098.htm.

〔2〕 Ibid.

〔3〕 Ibid.

为现实，下面让我们从一致性的角度展开探讨。

3.2 环境保护与投资保护的内在一致

就如环境保护与投资保护的外在冲突一样，两者之间的内在一致实际上也是一种客观存在，源于人类对自身生活改善的不断追求。投资的扩张能够带动经济的发展，经济的发展在一定条件下可以反馈环境保护。客观来讲，在许多国家，经济发展水平低下是限制环境保护水平提高的一个重要障碍。将环境保护引入IIAs，对投资保护形成一定程度的限制，可以减少对于环境的破坏并引导资金流入环保领域以有效保护环境。事实上，二者在通过改进生活质量从而增进社会福利方面的目标是可以协调一致的。当然，这种内在一致需要一定的外部压力和制度设计来促成其实现。

考虑到环境保护的重要性以及之前的美式 BIT 范本，美国国际经济政策咨询委员会附属投资委员会在其关于投资条约范本的报告中曾经明确指出，以往的 BIT 范本涉及环境问题的条款通常都是鼓励性、倡导性的语言，由于这种规定的方式缺少执行效力，有可能导致 BITs 成为环境保护的一种障碍，也不符合可持续发展的总体目标。因此，对新一代 BIT 范本的修改应当重点考虑两个方面：一是增加有关环境保护的、具有约束力的条约义务；二是设立专门针对人类、动植物安全与健康的，以及自然资源保护的例外条款。[1] 考虑到环境保护与投资保护相互促进的可能，附属投资咨询委员会的专家进一步指出，在传统美式 BIT 范本中已经存在明确的履行要求、金融服务条款、争端解决条款等，规定环境与投资关系的条款单独出现是可以的，有关污染转

---

〔1〕 Ibid.

移等涉及"竞争优势"的担忧不应当成为阻止上述条款在新一代 BIT 范本中出现的理由。

附属投资咨询委员会的上述意见反映了支持环境保护的一方在 BIT 范本修改过程中的总的看法。在这些看法的背后有两个更为深层次的原因在影响着美式 BIT 范本中环境保护内容的修改，一个是美国国内的政治压力，另一个则是全球化的影响。

3.2.1 政治压力

北美自由贸易区谈判源于时任墨西哥总统卡洛斯·萨利纳斯的提议。卡洛斯·萨利纳斯总统于 1990 年初提出了建立美、加、墨自由贸易区的倡议，并将其当作促进墨西哥经济和社会发展的手段。[1] 这一提议受到当时风靡的"投资自由化"理论的支持。美国也意识到了开发墨西哥市场的重要性。作为美国的南部近邻，区域经济整体竞争力的增强，可以促进墨西哥的政治和经济稳定，减少两国之间的摩擦，而这一判断日后也被证实。除了经济上的利益，美国和墨西哥之间经济上的互利直接影响美国民众的日常生活，也在两国之间毒品管理、移民等合作方面具有重要促进意义。[2] 在上述一系列原因的推动下，NAFTA 于 1992年 12 月 17 日正式签署并于 1994 年正式生效。[3]

如前文所述，NAFTA 谈判初期并不包含环保议题，因此 NAFTA 也为美国众多环保组织所反对，而这些环保组织又是影

---

〔1〕 Francisco S. Nogales, "The NAFTA Environmental Framework, Chapter 11 Investment Provisions, and the Environment", *Annual Survey of International & Comparative Law*, 8（2002）, p. 100.

〔2〕 Nogales, 100.

〔3〕 Foreign Affairs and International Trade Canada and NAFTA, "North American Free Trade Agreement ｜ NAFTANow. Org", http：//www. naftanow. org/about/default_en. asp.

响国会中持反对态度的民主党成员的重要因素。[1] 随着谈判的深入，美国国内有关环境问题的争论越来越激烈，许多反对NAFTA 的人士将环保问题作为抵制谈判的重要砝码，布什政府不得不将环境问题纳入 NAFTA 的后续谈判以获取国会的支持。[2] 随后加拿大政府和墨西哥政府也将环境问题列入谈判议程，最终使环境保护的意愿成为 NAFTA 的一部分，但可惜的是NAFTA 并没有对缔约国的环境保护义务进行单独规定，这也是后来批评 NAFTA 环境条款不够完善的主要原因之一。

布什政府在任期内仅仅完成了有关环境保护的基础条款的谈判，而作为竞选纲领的一部分，克林顿在参选时便承诺进行有关环境、劳工的补充谈判工作。克林顿正式执政后，民主党成员在国会占据了多数，但大部分民主党议员依然对 NAFTA 持反对态度，这导致为了顺利通过 NAFTA，克林顿不得不向共和党议员寻求支持，同时争取持中立态度的民主党议员。由于共和党议员大部分反对将环境或劳工问题纳入 NAFTA，而中立的民主党议员又坚持需要上述内容，为了协调两方意见争取最大的支持，克林顿政府选择了将环境和劳工问题放在附加协议里的方式。[3]这样既看起来解决了环境和劳工的关切，也不会让美国企业增加实际的成本。因此，NAFTA 和后来的附加环境协议（即NAAEC）并没有实现克林顿政府在环境方面的雄心与承诺，这也导致了起初支持 NAFTA 的一些环保组织逐渐转向对立面。[4]

---

〔1〕 Vega-Canovas，"NAFTA and the Environment".

〔2〕 李歌："北美自由贸易区环境法律制度探析"，中国政法大学 2006 年硕士学位论文.

〔3〕 Vega-Canovas，"NAFTA and the Environment".

〔4〕 Ibid.

3.2.2 全球化的推动

全球化是推动环境保护与投资保护协调发展的另一个强大动力，一个很好的例子就是ECT。

20世纪90年代初期，欧美关于如何在东欧和西欧之间建立能源合作的问题正在被广泛探讨，当时的苏联地区（俄罗斯及其周边国家）拥有大量的能源但经济低迷，亟需投资来重振经济。[1] 与此同时，西欧国家正急于丰富其能源供给的渠道以降低它们对世界另一半的依赖，这构成了在欧亚大陆间达成能源合作协议的基础。[2]

ECT格外重视能源与环境的相互促进作用，并设立专门条款和议定书尝试控制能源的投资和生产对环境产生的负面影响。

ECT的序言从三个方面阐述能源问题与缔约方环境保护的关系，首先，序言明确了各方在环境保护方面具有共同的利益；其次，明确了能源的供应、管理、使用与环境保护之间存在互相影响的关系；最后，指出环境保护在能源生产、使用的整个过程的重要性。可以说这三重关系的定位不仅奠定了环境保护在ECT中的地位基础，也对ECT及其议定书中有关环境保护问题的具体规定明确了方向。

除了序言的规定外，ECT在正文第一部分"目标"和第二部分"执行"两节内容里对环境保护做了目标更为清晰的阐述。ECT将自己的目标确定为能源贸易发展、能源领域合作以及能源效率和环境保护三个部分。[3] 在"目标"前言部分明确要求

---

〔1〕　Kaj Hober, "The Energy Charter Treaty – An Overview", *Journal of World Investment & Trade*, 8（2007），323.

〔2〕　Ibid.

〔3〕　国家发展和改革委员会能源研究所：《能源宪章条约（条约、贸易修正案及相关文件）》，世界知识出版社2015年版，第4~5页。

"在一个可接受的经济基础上……并最大化能源的生产、转换、运输、分配与使用的效率，增强安全性，将环境问题最小化"，[1] 同时通过能源合作"促进能源与环境领域的技术信息与专业知识的交换"，[2] 并在"目标"部分的最后指出，能源效率和环境保护本身意味着"促进一种能源组合，它自始至终以一种具有成本效益的方式、被设计用来最小化负面环境后果"。[3] 目标部分的环境要求重申了对环境问题的关注，强调了能源领域环境合作和高效使用能源降低对环境影响的重要性。

"执行"部分将 ECT 要实现的目标细化为八项，分别是能源资源准入及发展；市场准入；能源贸易自由化；促进并保护投资；安全原则与指导方针；研究、技术发展、创新与传播；能源效率、环境保护及可持续的清洁能源；教育与培训，[4] 并在能源效率、环境保护及可持续的清洁能源一节再次明确各缔约方一致认为在"高效使用能源、可再利用能源发展、与能源相关的环境保护领域，合作是很有必要的"。

ECT 上述条款的规定充分体现了能源投资与环境保护之间相互促进、相互影响的能动关系。这种投资与环境的良性互动关系也在 2012BIT 范本中得到了体现。

小结

国际环境法的众多原则和概念的提出起初是建立在人类社会

---

〔1〕 国家发展和改革委员会能源研究所：《能源宪章条约（条约、贸易修正案及相关文件）》，世界知识出版社 2015 年版，第 5 页。

〔2〕 国家发展和改革委员会能源研究所：《能源宪章条约（条约、贸易修正案及相关文件）》，世界知识出版社 2015 年版，第 5 页。

〔3〕 国家发展和改革委员会能源研究所：《能源宪章条约（条约、贸易修正案及相关文件）》，世界知识出版社 2015 年版，第 6 页。

〔4〕 国家发展和改革委员会能源研究所：《能源宪章条约（条约、贸易修正案及相关文件）》，世界知识出版社 2015 年版，第 7~11 页。

发展对生存环境带来的破坏基础上的，当这种破坏危及人类自身的安全时，作为一个全人类共同面对的问题，不可避免地被提上日程。也因为这个原因，国际环境法的目的并非仅仅是保护环境，而是寻求一种能在经济和社会发展的同时尊重环境要求的方法。所以，从国际环境法的发展历程和概念更替可以看到它的发展一直是与贸易、投资等问题交织在一起的。从最初的对个别领域加以限制，到开始寻求综合的解决问题的方法，最后明确提出在各方面之间实现平衡发展（可持续发展）并提出互相促进的方案（绿色经济），冲突与融合从未在这个交叉领域的发展中消失过，反倒是趋势越来越明显。与此同时，这种趋势在国际缔约实践中淋漓尽致地展现了出来。虽然 OECD 的报告对于研究样本的选择集中在了 OECD 成员国，但仍然清晰地体现了在具体规则制定过程中这一趋势的发展。尤其是当时间进入 21 世纪，环境条款在国际缔约实践中的使用呈现了迅速上涨的势头。即使作为发展中国家的中国，在缔约过程中一样展现了对环境保护、可持续发展和绿色经济的强烈需求。

而从国际司法的角度也能感受到环境问题与贸易、投资问题的冲突与融合。WTO/GATT 的争端解决实践从 20 世纪 80 年代就已经开始涉足解决环境与贸易的纠纷，而 ICSID 的仲裁实践从近 20 年来看，涉及环境问题的纠纷也呈明显的上升趋势。这些都反映了环境问题越来越多地成为人类关注的焦点。国际环境法与国际投资法的冲突与融合已经成为现实而非仅仅是趋势。

虽然国际环境保护规则本身具有突出的软法特点，比如：缺少明确的强制力、许多 IIAs 明确规定环境保护问题需要通过外交途径解决等，但通过近年来国际司法及仲裁机构的不断实践，环境保护条款尤其是 IIAs 中的环境保护条款已经不再是传统意义上的软法条款，而是逐渐具备了一定的强制力，并在国际司法和仲裁案件中通过反复实践被不断加强。比如环境问题的可诉性、证据规则、准据法选择、特殊环境概念的运用、专家意见的采信等，正在通过不断的案例实践逐步形成规则体系并被国际社会所接受。

第二章 环境保护与投资保护关系的
核心——政府管理权

IIAs 在诞生之初其核心目的并不包含环境保护等与可持续发展有关的目标，其目的仅仅是保护投资的安全与收益，IIAs 中环境保护义务是伴随着全球生态危机和环境保护意识的增强而逐渐出现的，[1] 尤其是在 NAFTA 签订之后。但当时的环境保护在缔约目的中也属于从属性的，缺乏与投资保护之间关系的明确定位，缺乏有效的涉及环境问题的争端解决机制。随着环保问题的日益严重，与环境相关联的各类投资仲裁案件日渐增多，仲裁庭面临的一个问题就是对东道国新制定的环境法规是否违反 IIAs 中的投资者保护义务进行裁定，其核心是：在条约规定不明确的情况下通过法律的适用过程划定东道国为保护公共利益而正当行使管理权（Police Power）的界限。这种现状促使主要投资输出国开始考虑对 IIAs 中的环境保护条款进行系统性的升级调整，比较典型的就是 2012BIT 范本。

从本质上讲，环境保护与投资保护的冲突是人类经济发展对于自然资源的无节制索取与生态环境供给能力有限的矛盾所引发

---

[1] Kenneth J. Vandevelde, "A Brief History of International Investment Agreements Symposium: Romancing the Foreign Investor: BIT by BIT", *U. C. Davis Journal of International Law & Policy*, 12（2006 2005）, pp. 157-94.

的必然，其冲突核心是环境保护重要性日渐凸显，在人类社会发展的过程中逐渐超越了"经济发展"和"投资自由化"的重要性，使得之前并未出现交集的两个因素在实践中产生了碰撞。其涉及的一个突出问题就是东道国基于公共利益的管理权行使与国际法中原有投资保护义务之间的关系平衡。处理上述关系通常需要厘清的问题包括投资与环境的关系、环境条约与 IIAs 的关系、政府行使管理权的边界以及政策措施与习惯国际法原则的关系、国内环境法的概念、争端解决程序等。

虽然从价值观的角度，人类逐渐倾向于环境保护优先于投资保护，但从接受这一价值判断到将其落实到条约约文中要经历漫长的利益冲突和实践调整。本章将以 2012BIT 范本为例分析 IIAs 中环境保护与投资保护的关系的发展过程及冲突核心。

第一节　IIAs 中环境保护制度的雏形

国际投资法的发展通常会以二战为节点被分为两个大的阶段，即殖民地时期和后殖民地时期；又因殖民地独立运动、投资自由化的发展将后殖民地时期分为四个阶段。[1] 环境保护内容在 20 世纪 80 年代之前的 IIAs 中一直没有出现过。研究表明，IIAs 中环境保护内容的出现最早有据可查的是 1985 年我国与新加坡的 BIT，[2] 其出现的位置是在该协定的"禁止和限制"一条里。[3] 在当时的文本中规定，缔约国政府有权为"保障公共

---

〔1〕　M. Sornarajah, "The International Law on Foreign Investment", pp. 19–28.

〔2〕　Gordon and Pohl, "Environmental Concerns in International Investment Agreements", p. 9.

〔3〕　第 11 条：禁止和限制本协定的规定不应以任何方式约束缔约任何一方为保护其根本的安全利益，或为保障公共健康，或为预防动、植物的病虫害，而使用任何种类的禁止或限制的权利或采取其他任何行动的权利。

健康，或为预防动、植物的病虫害"而采取行动。遗憾的是，我国在这方面的实践并非考虑到了环境保护的重要性而进行的有针对性的条款设计，更像是一种随机的调整，此后多年我国对外签订的 IIAs 中都没有环境保护的内容。在 IIAs 的环境保护问题上进行系统研究和调整的是以美国为代表的发达国家。

早期的 IIAs 签订主要集中在发达国家与发展中国家之间，发达国家出于资本输出和保护的目的与发展中国家签订 IIAs，因此，当时 IIAs 的核心或者说唯一目标是"投资保护"。造成这一现象的直接原因主要有两点。

第一，殖民地时期有关投资保护的主要法律渊源是"习惯国际法"，最低标准待遇（Minimum Standard of Treatment，以下简称 MST）是这一时期保护投资者的核心国际法原则。然而，习惯国际法为投资提供的保护并不充分，究其原因主要有：其一，当时各国对习惯国际法中的 MST 是否存在并适用于投资保护存在争议，拉丁美洲的"卡尔沃主义"就是对此最为典型的质疑；其二，即使确定 MST 的存在，由于其内涵过于模糊，造成适用上的困难；其三，由于当时没有投资者与东道国之间的纠纷解决机制，习惯国际法所能提供的有关投资纠纷的解决机制就只能是"外交保护"。由于动用外交保护在实践中难以实现，因此从投资者的角度看，解决与东道国之间的投资纠纷在这一时期困难重重。

第二，去殖民化运动诞生了许多新独立但经济欠发达的国家，其影响在于这些新独立的前殖民地国家倾向于认为外国投资有可能成为新的殖民方式并有可能对其内政形成干涉，发达国家与其之间的贸易和投资行为是一种变相的掠夺，因此新独立国家更倾向于与同样经济不发达的其他新独立国家建立经济联系，切断与发达国家之间的经济往来并对现有外国投资进行国有化和征收。几乎是二战结束的同时，以苏联为首的社会主义国家集团迅速形成，并迅速开始对国内私有经济进行征收，包括外国投资者的资产。为了对抗发达国家的经济掠夺，在社会主义国家和其他发展中国家的努力下，联合国大会于 1974 年 5 月 1 日通过了《国际经济新秩序宣言》（*Declaraion of the New International Economic Order*），宣言中明确了国家对其自然资源和其他经济行为拥有"完全、永久的主权"（full permanent sovereignty），并声明国家有权进行国有化或将（外国投资的）所有权转移给本国国民。但宣言并没有涉及国有化和征收的赔偿义务。同年 12 月，联合国大会通过了《各国经济权利和义务宪章》（*Charter of Economic Rights and Duties of States*），明确了各国有权"国有化、征收或者转移外国资产的所有权"，但应（should）"依据其认为相关的国内法"支付相应的赔偿。上述两个国际文件在确定主权国家拥有国有化和征收的权利的基础上并没有对赔偿问题给出妥善的解决方案，至少是众多资本输出国（发达国家）认为妥善的解决方案。因此，也就导致了 IIAs 在当时以"投资保护"为核心的状况。

随着环境问题的深入人心，IIAs 中开始逐渐有了环境保护的内容。早期包含环境保护内容的最有代表性的 IIA 当属 NAFTA。也正是在 NAFTA 条文的基础上结合国际仲裁实践带来的问题，形成了 2004 年范本，引领了后续全球范围内 IIAs 的环境保护条款完善，并形成了 2012BIT 范本和 TPP 中有关环境保护内容的详细规定。[1] 而事实上，在最初开始谈判时，环境保护甚至都不是北美三国考虑的话题，然而迫于各方面的压力，尤其是环保组

---

〔1〕　Edward Guntrip，"Labour Standards，the Environment and US Model BIT Practice：Where to Next"，*Journal of World Investment & Trade*，12（2011），101.

织的选票压力，NAFTA 还是形成了在当时十分独特、全面的环境保护制度。

一般来讲，NAFTA 环境保护制度的构成可以分为以下四个部分：序言条款、正文第 104 条、正文第十一章有关环境与投资关系的条款和 NAAEC。

NAFTA 序言规定，各缔约国应：

"确保为商业计划和投资提供一个可以预期的框架；

……

在实践上述目标时符合环境保护要求；

……

促进可持续发展。"〔1〕

虽然依据维也纳条约法公约，序言不具有和正文等同的法律效力，但在序言条款中明确提及环境保护要求和可持续发展表明 NAFTA 对于环境保护问题的态度，在解释条约具体条款的适用时为环境保护目标预留了空间。

NAFTA 正文第 104 条规定了它与有关国际环境条约之间的关系，明确多边环境保护公约有优先于 NAFTA 的效力。实际上该条规定明确提及的多边环境公约仅有三项。在该条附件 104.1 中增列了另外两个双边条约，分别是 1986 年关于美加之间危险废物跨界转移的《渥太华协议》以及美国墨西哥之间为改善边境地区污染状况于 1983 年签订的《保护和改善边境地区环境的双边合作协定》。

---

〔1〕 The Government of Canada, the Government of the United Mexican States and the Government of the United States of America, resolved to: ENSURE a predictable commercial framework for business planning and investment; UNDERTAKE each of the preceding in a manner consistent with environmental protection and conservation; PROMOTE sustainable development.

NAFTA 与当时其他条约相比最突出的特点是在其第十一章投资章节第 1114 条明确规定了环境与投资的关系。[1] 该条第 1 款规定,"本章任何条款不得解释为阻止成员方在符合本章规定的条件下采取、维持或执行其认为适当的任何措施以保证境内投资活动以一种考虑环境影响的方式展开"。为了防止缔约国为吸引投资而降低环保标准,该条第 2 款又规定,"缔约国不能放松国内有关环保标准来鼓励投资。因此,缔约国不得以放弃或降低、或承诺放弃或降低类似措施以鼓励投资者在其境内设立、并购、扩张或维持其投资。如果一缔约国认为另一缔约国采取了上述鼓励措施,其可以要求与另一缔约国展开磋商,并应就上述鼓励措施达成一致意见"。该条规定为缔约国处理投资与环境保护之间的关系奠定了基础。

除第十一章第 1114 条外,该章第 1106 条规定的例外措施也是缔约国实施环保政策的重要依据。此条规定为保护"生命""健康"和"可耗竭自然资源"所采取的环境措施的实施预留了空间,但是同时也设置了限定条件,即不能是"武断的""不公正的"且"不构成对国际贸易和投资的变相限制"。

除 NAFTA 条文中的规定外,北美自由贸易协定的另外一个

---

[1] Article 1114: Environmental Measures 1. Nothing in this Chapter shall be construed to prevent a Party from adopting, maintaining or enforcing any measure otherwise consistent with this Chapter that it considers appropriate to ensure that investment activity in its territory is undertaken in a manner sensitive to environmental concerns. 2. The Parties recognize that it is inappropriate to encourage investment by relaxing domestic health, safety or environmental measures. Accordingly, a Party should not waive or otherwise derogate from, or offer to waive or otherwise derogate from, such measures as an encouragement for the establishment, acquisition, expansion or retention in its territory of an investment of an investor. If a Party considers that another Party has offered such an encouragement, it may request consultations with the other Party and the two Parties shall consult with a view to avoiding any such encouragement.

有关环保的突出成果是 NAAEC。在 NAFTA 谈判过程中，三国政府受到环境保护团体的各种压力，为了有效应对这种压力并赢得议会反对派的支持，NAFTA 才考虑了环境保护问题，作出了将环境与投资相结合的种种创新的安排。但是，这些安排在当时都没能平息对 NAFTA 环境保护内容的批评。这些批评的主要原因是担心 NAFTA 有关环保问题的规定不够严苛，有可能导致投资者主动选择环保要求较低的国家转移投资，从而导致现有的环境和健康问题因为投资的选择性转移而进一步恶化。[1] 为了避免上述争论中的问题发生的现实可能性，美国政府一直在寻求一种更强有力的规定和执行方式来对环境进行保护。因此，有关环境的单独议程在后期一直与 NAFTA 谈判同时进行。1993 年 8 月 12 日，三国正式签署 NAAEC。作为直接规范环境保护问题的专门协议，NAAEC 的签订除了政治上争取支持的妥协外，其环境保护上的原因也值得关注。

在 NAFTA 谈判过程中，许多环保人士相信 NAFTA 会导致美国和加拿大的企业搬迁到环境标准更低的墨西哥去，将墨西哥变成"污染者天堂"，而这种结果会导致本就受到污染的墨西哥环境进一步恶化，[2] 同时也会影响美国和加拿大的就业以及经济发展。对于 NAFTA 环境规则的第二种质疑是对其实际执行效果的严重怀疑，正如 Knox 在其文章中的评价一样，"从承担解决贸易与环境问题的角度，NAFTA 无疑是失败的"。[3] 因此，从环境保护的角度看，NAAEC 其中一个重要的目的就是加强执法，

---

〔1〕 Francisco S. Nogales, "The NAFTA Environmental Framework, Chapter 11 Investment Provisions, and the Environment", *Annual Survey of International & Comparative Law*, 8（2002），104.

〔2〕 John H. Knox, "The Neglected Lessons of the NAFTA Environmental Regime", *Wake Forest Law Review*, 45（2010），391.

〔3〕 Ibid.

防止污染者天堂的实际出现。也正因如此，NAAEC 框架下设计了北美环境合作委员会（CEC）和公众联合咨询委员会（JPAC）等"超国家机构"。[1]

NAAEC 一共由七个部分构成，其签订的目的是建立"促进环境保存、保护和执法有效合作的框架"[2] 并设立北美环境合作委员会等机构促进联合行动，协调环境争端的解决。除去一般性条款和最终条款，NAAEC 的核心内容由三部分构成：

第一部分是缔约的目标，包括保护和提高环境质量、促进可持续发展、加强环境法律的执行等。第二部分为缔约国施加了一些义务，如要求缔约国定期就环境状况提交报告，制定环境应急措施、改善环境教育、发展环境科技和相关科学研究、评估环境影响、确保各自法律制度提供较高的环境保护水平。第三部分就是建立了"北美环境合作委员会"。委员会由三个机构组成，分别是理事会（Council）、秘书处和公众联合咨询委员会。理事会由三国环境部长组成，是委员会决定的执行机构，一年至少召开一次常会。[3] 秘书处是委员会另外一个十分重要的机构。秘书处的工作通常是依据理事会确定的原则进行，但秘书处的职员是独立于三个成员国的。NAAEC 第 11 条详细规定了秘书处的组成和工作制度，为秘书处的运作设立了清晰的法律框架。秘书处职能广泛，如协助理事会工作并提供行政和技术支持；协助理事会准备 CEC 的年度报告。在透明度方面秘书处的原则和理事会基本一致，除特殊情况外其决定和报告对公众公开。JPAC 负责处

---

[1] Isabel Studer, "The NAFTA Side Agreements: Toward a More Cooperative Approach", *Wake Forest Law Review*, 45 (2010), 469.

[2] "CEC – About Us: North American Agreement On Environmental Cooperation", http://www.cec.org/Page.asp? PageID=1226&-SiteNodeID=567.

[3] 参见 NAAEC 第三部分相关条文。

理理事会转交的涉及 NAAEC 第 14 条和第 15 条执行和解释问题的事务。

NAAEC 还设立了缔约国之间的争端解决机制，允许就长期不能落实环境法律申请争端解决。如果某一缔约国被认为持续性地无法实施其环境法律，则该缔约国需要制定和落实"行动计划"改变这一情况。如果其"行动计划"不被接受或者没有实施，就有可能被处以罚款。不过罚款的金额不高，理事会将把这笔罚款用在弥补由于环保法规不被执行而出现的各种问题上。[1] 此外，NAAEC 还允许非政府组织或者个人（non-governmental organization or person）就某一缔约国环境法律的实施情况提起申诉（submission），该项申诉权利的依据是 NAAEC 第 14 条和第 15 条。秘书处负责接受这些申诉并视不同情况进行处理。在申诉满足第 14 条第 1 款 6 项要求的情况下，秘书处即可按照第 2 款的四项要求对申诉进行审查。

虽然 NAFTA 有关环境保护内容的规定很大程度上是美国国内的政治压力造成的，同时由于缺乏详细的约文设计和有力的争端解决制度导致有关环境保护的内容难以得到有效的执行从而留下了不少遗憾，但其制度设计还是成为后续 IIAs 的一个样板。其第 104 条规定的多边环境公约与 NAFTA 的关系成为美式 IIAs 处理环境条约与投资条约关系的范本；第 11 章有关不得降低国内环境保护标准以吸引投资的规定以及国内政策措施例外的规定是当时的时代背景下处理投资保护与东道国国内管理权关系的最佳尝试。其条款内容在 2004 年范本和 2012BIT 范本中都有类似内容出现；NAAEC 虽然缺少强制执行力，但其规定的个人申诉制度和环境执法的磋商制度成为后续 IIAs 推动环境保护内容落实的重

---

〔1〕 Vega-Canovas，"NAFTA and the Environment"．

要参考，在 2012BIT 范本的争端解决中依然能够看到它的影响。

从 NAFTA 的客观情况可以看出，虽然其在条约约文中规定了与环境条约之间的关系、明确了东道国行使管理权的合法性，但是由于缺乏有效的争端解决机制（NAAEC 的争端解决缺乏强制力）和对国内环境法的定义，与投资者保护义务相比，环境保护义务明显处于弱势，甚至在某种程度上形同虚设。NAFTA 生效后提起的一系列投资仲裁，如 Metalclad 案对环境问题的忽视等，实际上已经反映出这个问题。

第二节 目前环境保护在 IIAs 中的体现形式

目前，NFATA 几乎所有的案件都与环境保护措施有关，其他案件也或多或少地跟直接或间接环境措施有关，因此国家管理权和投资者保护之间的平衡就成为近些年的热门话题。而在 OECD 一份报告的统计数据中，在作为其分析研究对象的 1113 件涉及投资者与东道国间仲裁的文件中（之所以说"文件"，是因为该研究的对象不仅仅是最终的仲裁裁决，还包括专家意见、法院判决、仲裁事实部分的裁决、裁决中的不同意见等），共有 165 份包含"环境"问题，[1] 占总数的 14.8%。现有案例的裁决中，有些平衡了国家管理权和投资者保护的关系，有些则更侧重于投资者权益的保护。在一些缔约实践中也出现了将环保条款范围予以明确、对投资者权利进行限制的尝试，最突出的是对征收和公平公正待遇的规定。但是对于前述两者进行明确约文界定

---

〔1〕 Kathryn Gordon, Joachim Pohl, and Marie Bouchard, "Investment Treaty Law, Sustainable Development and Responsible Business Conduct: A Fact Finding Survey", OECD Working Papers on International Investment (Paris: Organisation for Economic Co-operation and Development, July 23, 2014), 23, http://www.oecd-ilibrary.org/content/workingpaper/5jz0xvgx1zlt-en.

的可能性并不是很大，因为其所涉及的内容十分宽泛。

涉及环保、劳工等问题的案件逐年攀升的一个重要原因是此类管理性措施对商业机构的冲击会非常严重，例如禁用某类产品或某类生产方法。[1] 环保、劳工案件的持续增长带来一个问题，就是详细的投资者权益保护原则和东道国管理权（或国家利益）之间的平衡，如果从另一个角度表述这个问题，那就是投资与环境（发展、可持续发展）之间的平衡。这个问题的提出，对于前述 IIAs 的发展基础提出了挑战，如果投资与环境问题本身是现实存在的，那么 IIAs 的发展基础也应当作适当的调整，也就是在承认国际投资带来利益和经济发展的前提下，认可东道国的管理权，认可东道国可以根据环境保护和可持续发展的要求调整国内法律法规，确保国际投资行为符合环境保护和可持续发展的要求。从环境保护和可持续发展的角度，国际投资可以促进新技术的流通和转让，能够推动可持续发展目标的更快实现，但由于环境保护和可持续发展涉及的内容庞大，要将上述两因素纳入经济发展过程，现有的条约条文应该更细致、明确。

OECD 的报告《投资条约中的环境关切》给出的数据显示，IIAs 中包含环境保护问题的条约虽然总数仅为 8.2%，但呈明显的上升趋势。1985 年还仅有一份提到环境保护的 IIAs，这种状况在 10 多年间没有任何明显的改变，而到了 2005 年，包含环保问题的 IIAs 的数量已经超过了当年缔结的 IIAs 总量的 50%，[2] 具体条文的表现形式也越来越丰富。以我国为例，我国早期的 IIAs

---

〔1〕　比如《关于汞的水俣公约》就要求缔约国调整国内法律法规，在过渡期内完全禁止几类涉汞产品的生产、使用和进出口，这就意味着相关产业在国内将被完全淘汰。

〔2〕　Gordon and Pohl，"Environmental Concerns in International Investment Agreements"，5.

采用序言条款的比较多，而发展到现在，不久前缔结的《中华人民共和国与大韩民国自由贸易协定》已经有专门章节规定环境问题了。

联合国贸发会议《2012 年世界投资报告》认为，将可持续发展原则纳入国际投资协定正在或已经成为国际投资协定（包括BITs 和 FTAs）内容变迁的重要表现。[1]

在过去的 20 多年中，国际投资协定中环境保护条款呈现出快速增长的趋势。根据 OECD 发布的报告《国际投资协定中的环境关切》公布的数据，在该报告研究分析的 1623 份国际投资协定中，有 8.2%明确包含环境问题。[2] 这个数字从表面看并不算多，而且该报告研究分析的 1623 份国际投资协定仅占目前全球现有该类协定的大约 50%，但是如果考虑时间因素就会发现结果大不相同。该报告显示，自 20 世纪 90 年代起，"包含环境保护内容的国际投资协定的数量开始明显增长，至 2002 年出现显著增长，在 2008 年达到峰值，在该年缔结的国际投资保护协定中有 89%包含环境保护的内容"。[3] 即使该报告所研究的国际投资协定的数量仅占现有该类协定的一半，但从其得出的数据中可以看到增长的趋势已经非常明显，正如报告自身得出的一个结论——"在研究样本中环境相关语言的使用并不占多数，但呈上升趋势"。[4] 另一个可以从上述数据中得出的结论是，国际环境法与国际投资法之间的交叉影响越来越明显。在所有研究样本中，中国有幸成为第一个在自己缔结的国际投资协定中引入环保

---

〔1〕 胡晓红："国际投资协定环保条款：发展、实践与我国选择"，载《武大国际法评论》2014 年第 1 期。

〔2〕 Gordon and Pohl, "Environmental Concerns in International Investment Agreements", 8.

〔3〕 Ibid, 8.

〔4〕 Ibid, 8.

条款的国家，上述协定指的是 1985 年中国与新加坡缔结的促进和保护投资协定。

该报告同时显示，不同国家对环境保护条款的接受程度并不一致，环境保护条款在国际投资协定中的具体表现形式也有一个逐渐发展完善的过程。

根据报告研究的结果，在研究覆盖的 49 个应邀参与"投资过程自由化"圆桌会议的国家中，[1] 有 30 个在其缔结的至少 1个国际投资协定中使用过环境保护条款，有一小半国家完全没有使用过，如奥地利、巴西、法国、希腊、冰岛、意大利、波兰等。[2] 有些国家，如埃及、英国、德国，均只有 1 个国际投资协定使用过环境保护条款，这完全出于偶然，而其缔结的国际投资协定的总数则分别是 73、98 和 122 个。[3] 根据数据显示，49个国家中更有意愿使用环境保护条款的是加拿大（其 83% 的协定中包含环境保护条款）、新西兰（75%）、日本（61%）、美国（34%）和芬兰（26%）。在这个比例中，中国是 8%，在全部被采样的 72 个协定中有 6 个包含环保条款。[4]

---

〔1〕 这 49 个国家分别是：奥地利、澳大利亚、阿根廷、比利时、巴西、加拿大、智利、中国、捷克共和国、丹麦、埃及、爱沙尼亚、芬兰、法国、德国、希腊、匈牙利、冰岛、印度、印度尼西亚、爱尔兰、以色列、意大利、日本、韩国、拉脱维亚、立陶宛、卢森堡、马来西亚、墨西哥、摩洛哥、荷兰、新西兰、挪威、秘鲁、波兰、葡萄牙、罗马尼亚、俄罗斯联邦、阿联酋、斯洛伐克、斯洛文尼亚、南非、西班牙、瑞典、瑞士、土耳其、英国、美国。

〔2〕 Gordon and Pohl, "Environmental Concerns in International Investment Agreements", 8.

〔3〕 Ibid, 9.

〔4〕 Ibid, 9-10.

报告将环境保护条款的表现形式分为七类：[1]

条约序言中的一般表述；

原则预留环境立法的政策空间；

在条约中为具体环境事项预留立法的政策空间；

环境立法不构成间接征收；

不能降低环保标准；

规定环境问题与投资者—东道国争端解决的关系；

促进环境保护与合作的一般性规定。

在上述七类不同的环保条款表述方式中，使用频率最多的是"原则预留环境立法的政策空间"，共有 82 个研究样本使用了这种表述。该表述方式始现于 1985 年，[2] 是最早被使用的涉及环

---

〔1〕 报告原文为：Environmental language addresses seven distinct policy purposes. These include：- General language in preambles that establishes protection of the environment as a concern of the parties to the treaty；66 treaties（4.1%）contain such language. - Reserving policy space for environmental regulation for the entire treaty；this is the most common category of language - it appears in 82 treaties（5.2%）. - Reserving policy space for environmental regulation for specific subject matters（e. g. performance requirements and national treatment）；this language appears in 20 treaties（1.3%），of which 16 are FTAs and only 4 BITs. - Indirect expropriation：Twelve of the treaties（0.75%）contain provisions that preclude nondiscriminatory environmental regulation as a basis for claims of — indirect expropriation ‖ . - Not lowering environmental standards to attract investment：Forty - nine treaties（3.1%）contain provisions that discourage the loosening of environmental regulation for the purpose of attracting investment. - Environmental matters and investor - state dispute settlement. Sixteen treaties（1%）contain provisions related to the recourse to environmental experts by arbitration tribunals. One treaty excludes the environmental provisions as a basis for investor - state claims. - General promotion of progress in environmental protection and cooperation. Twenty treaties（1.3%）contain provisions that encourage strengthening of environmental regulation and cooperation.

〔2〕《中华人民共和国政府和新加坡共和国政府关于促进和保护投资协定》签订于 1985 年 11 月 21 日，其中第 11 条"禁止和限制"规定："本协定的规定不应以任何方式约束缔约任何一方为保护其根本的安全利益，或为保障公共健康，或为预防动、植物的病虫害，而使用任何种类的禁止或限制的权利或采取其他任何行动的权利。"

境保护的国际投资协定的表述方法。我国与新加坡签订的投资协定最早使用了这种预留环境保护政策空间的表述。[1] 其次是"条约序言中的一般表述"，有 66 个研究样本使用了这种表述方法。

根据商务部网站公布的信息，目前我国已签订的自由贸易协定共 13 个，其中含内地与香港、澳门更紧密经贸关系安排（CE-PA）。由于后两者并不属于我国缔约程序法规定的"条约"的范围，因此本文探讨的我国签订的自由贸易协定的数量以 11 个作准。[2] 同样根据商务部网站公布的信息，目前我国缔结且依然有效的双边促进和保护投资协定共 104 个。[3]

按照 OECD 报告中关于环保条款表述的分类标准，我国在国际投资保护协定签署过程中使用过的表述方式，除"规定环境问题与投资者—东道国争端解决的关系"一类外，另外六类全有体现。其一，条约序言中的一般表述。采用这种表述方式的有中国与土耳其、特立尼达和多巴哥、圭亚那等国家签署的 BITs 以及中国与智利、冰岛等签署的 FTAs。其二，原则预留环境立法的政策空间。如中国与澳大利亚签署的 FTA。最近签署的中国—澳大利亚自由贸易协定并未明确提及环境问题，仅在第十六章第 2

---

〔1〕 胡晓红："国际投资协定环保条款：发展、实践与我国选择"，载《武大国际法评论》2014 年第 1 期。

〔2〕 "中国自由贸易区服务网"，载 http：//fta. mofcom. gov. cn/，最后访问时间：2015 年 10 月 21 日。

〔3〕 "我国对外签订双边投资协定一览表 Bilateral Investment Treaty"，载 http：//tfs. mofcom. gov. cn/article/Nocategory/201111/20111107819474. shtml，最后访问时间：2015 年 10 月 21 日。

条以一般例外的形式对环境问题作了规定。[1] 其三，在条约中为具体环境事项预留立法的政策空间。如中国和加拿大签署的BIT 以及中国与新西兰、哥斯达黎加、秘鲁等签订的 FTAs。其四，规定非歧视的环境立法不构成间接征收。这主要在中国与乌兹别克斯坦、加拿大等签订的 BITs。其五，原则规定不能降低环保标准。主要体现在中日韩 BIT 以及中国与瑞士、韩国签订的FTAs 里。其六，促进环境保护与合作的一般性规定。适用这种条款的条约，目前有中国与瑞士、韩国签订的 FTAs。

除上述情况外，值得一提的是，在我国目前所有的 BITs 和FTAs 中，一般采用的都是单一条款规定环境问题，而上文提到的中国与瑞士、中国与韩国的 FTAs 则是以单独章节的形式出现，详细规定了环境领域所涉问题的处理原则和方法。下文将详细列举介绍。

从上述数据分析可以看出，无论是从全球角度还是从中国的角度，国际投资协定对环境问题都越来越敏感，涉及环境问题的国际投资协定越来越多。但从条款规制的手段上可以看出，目前的条款表述多是从一般意义上规定宏观的环境优先权，因此都是一些较为模糊的条款，缺乏对环境保护与国际投资之间潜在冲突的具体解决方法。但从国家和投资者双方对环境保护问题越来越高的重视程度可以得出一个推论：环境问题在国际投资领域中扮演的角色已经越来越重要。

---

　〔1〕《中华人民共和国政府和澳大利亚政府自由贸易协定》第十六章第 2 条（一般例外）：①就第二章（货物贸易）、第三章（原产地规则和实施程序）、第四章（海关程序与贸易便利化）、第五章（卫生与植物卫生措施）、第六章（技术性贸易壁垒）和第十二章（电子商务）而言，《1994 年关税与贸易总协定》第 20 条及其解释性说明经必要修正后纳入本协定，构成本协定的一部分。②就第八章（服务贸易）、第十章（自然人移动）和第十二章（电子商务）而言，《服务贸易总协定》第 14 条，包括其脚注经必要修正后纳入本协定，构成本协定的一部分。

第三节　政府管理权的合法性

2012BIT 范本修改的一个重点就是对政府管理权的行使明确了相应的标准和界限。之所以这么做，既有以往 IIAs 面对环境保护在执行过程中产生的种种问题的影响，也是国家固有的管理国内环境的主权权利与保护投资的国际法原则之间相互冲突并调整边界的必要。国际法确认了国家对于国内资源开采、利用、保护的主权权利，但这一权利的行使必然会影响到已经存在的投资，这种影响在何种范围内是合理、必须的、可以免责的则是国际法领域尚未完全厘清的一个问题，这也是环境保护与投资保护冲突的利益焦点。

由于早期的 IIAs 在签订时并没有考虑到环境保护的问题，而国际环境法的发展又给主权国家施加了保护环境的义务，因此，当国家行使管理权对国内环境政策、法规进行调整时不可避免地与原有保护投资的义务产生冲突。在解决这一冲突的过程中最为核心的一个问题就是政府管理权行使的合法性判断标准。NAFTA 之后的一系列投资仲裁不但将这一冲突推至公众视野，同时也为标准的设定提供了可供参考的宝贵实践。2012BIT 范本第 12 条第 2、3、4、5 款的条文正是在这种理论发展和实践的基础上修改完成的。

3.1 政府管理权的合法性之争

前文论及 IIAs 中的环境保护义务首要作用就是保障缔约国政府根据国内实际情况行使管理权（Police Power）的合法性，降低或排除构成国家责任的风险。这一点并未明确写在任何条约约文中，但事实上却是目前几乎所有与环境保护有关的投资仲裁关注的焦点。究其原因是，如果政府管理权的行使（环境政策、法律、法规的调整）是为公共目的的、合理的、非歧视的、公平的,[1] 那么其行为构成违反公平公正待遇、征收的可能性就几乎没有，因而也就不需要承担国家责任。与环境保护有关的几个典型案件探讨的核心都没有离开"管理权"的边界问题，而在此问题上仲裁庭的态度也先后经历了一定的变化。

3.2 问题的缘起——Metalclad 案

首先需要说明的是，有关管理权的边界问题的探讨并非是从 Metalclad 案开始的，1922 年美国最高法院判决的 Pennsylvania Coal Co. v. Mahon 案对管理性措施是否能够构成征收已经有了探讨,[2] 但 Metalclad 案对政府管理权边界的探讨是与环境保护有关的投资仲裁中比较典型的。

Metalclad Corp 是一家美国的垃圾处理企业，该公司在墨西哥设立了一家有害废弃物处理工厂。Metalclad 公司声称，其设立该工厂的原因是墨西哥官员承诺除地方政府的一份特别授权外，该工厂的设立和运转无需政府的特别许可。但墨西哥地方政府拒绝了许可的颁发，Metalclad 公司以此为由启动了根据 NAFTA 第十一章的仲裁程序。在仲裁程序启动后，当地政府颁布了一项环境法令，将工厂所在区域列为了环境保护区。[3]

该案仲裁庭认为墨西哥地方政府拒绝颁发许可的行为构成了

---

[1] Joshua Elcombe, "Regulatory Powers vs. Investment Protection under NAFTA's Chapter 1110: Metaclad, Methanex, and Glamis Gold Senior Board Notes, Comments and Reviews", *University of Toronto Faculty of Law Review*, 68 (2010), 71-98.

[2] Pennsylvania Coal Co. v. Mahon, No. 260 U. S. 393, 43 S. Ct. 158, 67 L. Ed. 322 (1922) (Supreme Court of the United States, 260 U. S. 393, 43 S. Ct. 158, 67 L. Ed. 322 December 11, 1922).

[3] Metalclad Corporation v. United Mexican States, Award (ICSID 2000), paras 33-59.

对公平公正待遇（NAFTA 第 1105 条）的违反，进而构成了征收（NAFTA 第 1110 条），而政府颁布的环境法令也构成征收。仲裁庭认为，"对财产权的干预导致事实上剥夺了财产所有人合理的经济利益预期的全部或大部分"。[1]　虽然后来法院驳回了仲裁庭关于墨西哥地方政府拒绝颁发许可的行为违反 NAFTA 义务的认定，但仲裁庭有关地方政府环境法令性质的认定得到了保留。

该案仲裁庭的裁决受到了多方的批评，有关政府管理权行使的方面，批评意见尖锐地指出 Metalclad 案的裁决严重限制了 NAFTA 成员国保护其环境、劳工标准和公共健康的能力。甚至有学者认为该案将 NAFTA 变成了三个成员国之上的"超宪法"机构。[2]　从仲裁庭的裁决可以看出，仲裁庭完全没有考虑管理权问题，没有考虑为保护公共目的，非歧视的政策、法律、法规的制定可以不构成对公平公正待遇的违反和征收。

3.3 新的平衡点——Methanex 案

Metalclad 案裁决留下的质疑在 5 年后迎来了答复。Methanex 案是加拿大 Methanex 公司与美国政府之间的纠纷。该公司是全球最大的 methanol（甲醇）的生产商，该产品是汽油添加剂 MTBE 的主要生产原料。由于 MTBE 被测出渗入了加利福尼亚州的地下水源，并对当地居民的身体健康造成威胁，加州政府颁布法令禁止了 MTBE 在加州的生产和销售。这一禁令导致 Methanex 几乎被完全挤出加州的市场，该公司以此为由申请仲裁庭认定加州政府的该项禁令构成征收。

Methanex 的仲裁庭在裁决中完全弃用了 Metalclad 案仲裁庭

---

〔1〕　Ibid. para 103.

〔2〕　See Elcombe，"Regulatory Powers vs. Investment Protection under NAFTA's Chapter 1110".

使用的推理方法，仲裁庭认为，在国际法上，基于公共目的、经由正当程序制定的、非歧视的法律法规不能被认为是征收并对其导致的损失进行赔偿，[1] 除非政府之前做出过相反的特别承诺。[2] 从该案仲裁庭的推论内容可以看出，仲裁庭将公共目的、正当程序和非歧视作为判定政府管理权行使是否构成对NAFTA 条约义务违反的因素。虽然在考量因素的设定上并不完善，但该案裁决体现出一种新的趋势，即在政府管理权的行使与投资者保护之间达成一种新的平衡，以兼顾双方的利益需求。

遗憾的是，该案的判决完全没有考虑 NAFTA 第 1110 条有关征收问题四个要素之间的互相连接。由于该条规定的最后一个要素是提供赔偿，因此有观点认为，只有在四个要素全部满足的情况下，一项政府管理性措施才不构成征收。仲裁庭在裁决中并没有考虑到这个问题，仅通过论证管理性措施的合法性就排除了构成征收的可能性，从而割裂了第 1110 条的整体逻辑性，因此该案裁决除了结论正确之外一无是处。[3]

尽管批评意见尖锐而强烈，但出于对东道国管理权的尊重以及环境问题的突出重要性，后来的很多案件都或多或少地接受了Methanex 案对于环境保护与投资者保护之间的重新平衡的态度。

3.4 争论的继续

无论如何 Methanex 案的裁决为仲裁庭平衡环境保护与投资

---

〔1〕 Methanex Corporation v. United States of America, Final Award of The Tribunal on Jurisdiction and Merits（UNCITRAL 2005）para 7（Part IV, Chapter D）.

〔2〕 Methanex Corporation v. United States of America, Final Award of The Tribunal on Jurisdiction and Merits paras 7, 9（Part IV, Chapter D）.

〔3〕 Alan C. Swan, "NAFTA Chapter 11 - Direct Effect and Interpretive Method: Lessons from Methanex v. United States", *University of Miami Law Review*, 64（2010 2009）, 21-88.

者保护的关系做了一次好的尝试，同时也提供了新的思考方法。之后不少案件在其基础上进行了一定程度的发展。S. D. Myers 案在其裁决中就认为，对于管理权的行使（是否构成征收）就应当在"将国家实践、条约以及国际法案例对其进行的司法解释视作整体"[1] 的情况下进行思考。在另外一个案件 Fireman's Fund vs. Mexico 的裁决中，仲裁庭列举出了 15 个在作出管理权行使是否构成征收的决定时应当考虑的因素，[2] 包括了 Methanex 案和 S. D. Myers 案提出的各种考量因素，也包括善意等一系列新的因素。

关于政府管理权的边界的讨论在国际法上的实质是探讨其行使的结果，即颁布的管理性措施是否违反国际法。从目前的实践看，主要涉及是否违反公平公正待遇和征收的有关国际法。在具体的判断标准上，每个案件的仲裁庭都有自己的标准和判断。虽然后续案件在裁决的大方向上大同小异，但在细节上却千差万别。出于统一判断标准、限制仲裁庭对有关国际法原则进行随意解释的目的，NAFTA 项下北美自由贸易委员会（FTC）曾经在 2001 年 7 月 31 日发布了有关第 1105 条具有约束力的解释的通知，[3] 明确了第 1105 条规定的公平公正待遇等同于习惯国际法

---

〔1〕　S. D. Myers Inc. v. Canada, Partial Award NAFTA（UNCITRAL）（I. L. M. 2000）para 280.

〔2〕　Elcombe, "Regulatory Powers vs. Investment Protection under NAFTA's Chapter 1110".

〔3〕　NAFTA Free Trade Commission, "Notes of Interpretation of Certain Chapter 11 Provisions"（2001）, http：//www. sice. oas. org/TPD/NAFTA/Commission/CH11understanding_ e. asp.

中的最低标准待遇，并要求仲裁庭放弃使用扩展的解释适用方法。[1] 但是，该解释并没有起到真正的效果。原因：一是该解释仅对涉及 NAFTA 第 1105 条的问题进行了限定，并明确与"管理权"行使有关的内容；二是在该解释颁布后不久，就有仲裁庭明确拒绝了它的适用。

正如前文所述，环境保护与投资者保护之间的冲突实际上是政府管理权与投资者利益之间的冲突，在国际法原则层面上则表现为对违反公平公正待遇和征收的构成要素的探讨与变革。虽然管理权这一概念在法律领域由来已久，但其在国际投资仲裁领域的探讨却依然在进行，而且在很长一段时间内可能都不会形成广泛的共识。不久前的 Glaims Gold 案就抛弃了 Methanex 案以后有关这一理论的所有发展，回归到最早的 Neer 案的标准来判断国家责任的构成。虽然该案广受诟病，但其体现出的不同法律观点的交锋的确是值得重视和深思的。正是因为仲裁庭在标准适用上的不统一，2012BIT 范本第 12 条第 2、3、4、5 款才尝试对政府管理权的行使进行了规定，并设立了相应的判断标准，如"善意"，同时对"环境法"的范围进行了定义。

---

〔1〕 Notes of Interpretation of Certain Chapter 11 ProvisionsB. Minimum Standard of Treatment in Accordance with International Law Article 1105（1）prescribes the customary international law minimum standard of treatment of aliens as the minimum standard of treatment to be afforded to investments of investors of another Party. The concepts of " fair and equitable treatment" and " full protection and security" do not require treatment in addition to or beyond that which is required by the customary international law minimum standard of treatment of aliens. A determination that there has been a breach of another provision of the NAFTA，or of a separate international agreement，does not establish that there has been a breach of Article 1105（1）.

第四节　2012BIT 范本环境保护内容的创新

美国曾有多个双边投资条约范本，最早可追溯到 1977 年开始起草、1981 年成型的第一个范本，此后历经修改，先后出现过 1983 年范本、1984 年范本、1994 年范本、2004 年范本和目前正在使用的 2012BIT 范本。[1]

自 NAFTA 以来，美国有关投资类的双多边条约中涉及投资保护的条款在行文的结构上基本上没有太大的改变，其内容主要涵盖公平公正待遇、征收、国民待遇、最惠国待遇等。这一点从 2004 年范本与 2012BIT 范本有关上述内容的行文几乎完全一致也可以看出端倪。但随着时代的发展，环境保护的内容则出现了较大的变化，在 2012BIT 范本第 12 条"投资与环境"部分得到了充分的展示。

美国 BIT 范本的环境条款主要形成于 2004 年范本之中，此前曾在 1994 年范本的序言中有一段涉及环境的综合语段。[2] 2004 年范本的第 12 条仅有两款内容，简单规定了缔约方不得为吸引投资的目的降低不保标准，以及在与条约规定一致的情况下促进投资活动，意识到环境保护的重要性。从众多国际司法案例的具体情况看，这两条内容在实际执行过程中很难起到保护环境、限制投资的作用，更像是一种宣誓性条款，展示缔约国的政治态度。

2012BIT 范本对 2004 年范本作了多处修正，主要包括：①明

---

[1]　王艳冰："美国 BIT 范本的环境政策考量与变迁及其对中国的启示"，载《理论与现代化》2014 年第 6 期。

[2]　王艳冰："美国 BIT 范本的环境政策考量与变迁及其对中国的启示"，载《理论与现代化》2014 年第 6 期；1994 年范本的序言中曾有"同意不放松健康、安全、和环境措施或标准实施的目标"的表述。

确了"境内"的范围；②增加了"政府授权"的界定；③对第 8 条"履行要求"做了修改；④修改了第 11 条，强调了规则的透明度和公众的参与；⑤修改了第 12 条，强化了投资对环境的影响并加强了对环境的保护；⑥修改了第 13 条，细化了投资与劳工的关系；⑦修改了第 20 条，明确了投资金融服务的程序性规定。[1]

与环境有关的条款修改都集中在 2012BIT 范本对于第 12 条的修改中。相较于 2004 年范本，2012BIT 范本第 12 条"投资与环境"从 2004 年的 2 款增加到 2012 年的 7 款。基于 NAFTA 提起的众多投资仲裁案件中，仲裁庭关注的一个焦点就是管理性措施，涉及管理性措施的定性、影响程度、比例原则等方面，2012BIT 范本第 12 条的内容进行了重大调整，对上述问题给出了尽可能的回应。2012BIT 范本第 12 条共 7 款，比 2004 年范本多出 5 款，其中第 2 款和第 5 款重复了 2004 年范本第 12 条的相同内容，并进行了一定的扩展，另外 5 款内容则对仲裁实践中出现的问题作出了回应，赋予缔约方在与条约规定一致的情况下对国内政策进行调整的权利，以确保外国投资对环境问题保持关切。

第一，2012BIT 范本第 12 条增加了对多边环境公约效力的规定。有观点认为，这条新增款项为在投资过程中援引环境法律和政策提供了依据[2]；但也有观点认为，此款意图排除国际环境规则作为日后两国签订 BIT 后环境纠纷的准据法，目的在于排除国际法对环境事项的规制……美方想将该事项完全交由国内处

---

〔1〕 张寒："美国 BIT 的最新发展及对我国完善双边投资协定的启示"，载《武大国际法评论》2013 年第 1 期。

〔2〕 张寒："美国 BIT 的最新发展及对我国完善双边投资协定的启示"，载《武大国际法评论》2013 年第 1 期。

理。[1] 更为合适的看法是，这种条款的表述方式应该是为了强调其他环境相关政策的效力，尤其是同为缔约方的多边环境公约在双方之间的效力。它更像是一个确权条款。这种表述结构被广泛地使用在全球众多双边条约中，我国对外缔结的国际投资协定也多有这种表述。但是，这种条款留下的一大遗憾是，并没有清楚地界定多边条约义务与双边条约义务的优先性，也没有明确如果出现冲突应如何处理。

第二，对环境保护与投资保护关系的平衡进行了规定。2012BIT 范本第 12 条的第 2 款是在 2004 年范本的基础上略作修改来的。第 2 款中的"不得免除或以其他方式减损"修改自 2004 年范本该条第 1 款，当年的表述是"应尽力保障不免除或以其他方式减损"。这种措辞上的变动反映出对于环境问题严重性的认识，而修改本身则将本来具有弹性空间的履约要求变成了明确的强制要求。同时，其第 5 款规定了缔约国政府有权要求投资者在投资运作的全过程对东道国的环境保持敏感（或者说友好），不对东道国环境造成破坏性影响。

第三，为政府管理权的行使设定了标准。S. D. Myers 案确立了在确认征收是否存在时应当考虑政府管理性措施的目的、效果和涉及的利益，后来的许多案例基本上都接受了这个原则。但在具体标准和管理性措施的具体范围上，仲裁庭有比较大的自由裁量权。为了尽可能明确管理性措施的范围，以便将政府部门在制定法律法规和规范性措施过程中的风险降至最低，2012BIT 范本第 12 条第 3 款首先明确了缔约国政府对为保护环境的目的而行使职权的行为拥有自由裁量权，只要这种职权的行使是"善意

---

〔1〕　罗平："美国 BIT 范本（2012）'环境规则'及中国对策"，华东政法大学 2014 年硕士学位论文。

的"（bona fide）。《2012 年世界投资报告》（UNCTAD）提出制定可持续发展投资政策的 11 项核心原则，其中就含有东道国对境内外资的监管权。2012BIT 范本第 12 条第 3 款对此问题的规定，正好体现了上述原则的要求。一般情况下，善意的措施极少构成征收。

第四，明确政府管理性措施的范围，2021BIT 范本第 12 条第 4 款对"环境立法"（environmental law）进行了定义，确定了为保护人类及动植物生命与健康的三类法律、法规和规定属于环境立法，包括：一是制止、减少和控制污染物排放的法律、法规和规定；二是控制环境损害或有毒化学品、成分、材料和废料以及相关信息散播的法律、法规和规定；三是除与劳工健康和安全直接相关的法律、法规和规定以外的保护野生动植物群落、濒危物种及其栖息地、特别自然保护区的法律、法规和规定。该款规定用列举式的方法对环境立法在条约里的概念进行了明确的界定，虽然范围并不宽泛，但它的重要意义在于明确了概念，极大地降低了仲裁庭在环境立法概念上进行宽泛解释的自由裁量权，保证了条约实施过程中的相对稳定。2012BIT 范本附件 B"征收"中进一步规定："除极少情况外，缔约方为保护合法的公共福利如公共健康、安全或环境的目的而制定并适用的非歧视性的管理行为不构成间接征收。"

第五，2021BIT 范本第 12 条第 7 款特别规定了公众参与。这一款项的增加应该与 NAFTA 项下的多项环境仲裁有关。在几个案件中，仲裁庭听取了"法庭之友"的意见，尤其在 Methanex v. United States 一案中，美国胜诉的关键就是有关环境立法的第三方报告被仲裁庭认为是"科学的"。这一规定应没有特别的背后含义，不过是国内立法程序的必然要求和国际仲裁的趋势，同时也为投资者适时获取政府环境政策、法规调整的信息提供了条约上的保障。

从缔约国的角度讲，清晰的概念界定也为政府部门充分行使职权奠定了良好的基础，免除了政府部门为了避免违反条约义务而消极不作为的心理动机。

为了进一步将可能因环境问题产生的争端尽量置于可控范围内，第 12 条第 6 款专门设置了与环境措施有关的缔约国磋商程序，并规定了尽可能通过磋商达成双方都满意的解决方案。同时，第 12 条第 7 款还设置了公众参与的要求，明确因第 6 条产生的纠纷应当在适当的情况下确保公众对于纠纷的参与。此外，2012BIT 范本第 32 条进一步规定，"在不影响由可适用的仲裁规则授权任命其他专家的情况下，仲裁庭可以应争端一方的要求任命，或除非双方都反对的情况下，根据需要主动任命一名或多名专家，按照争端双方可能达成一致的要求和条件，就争端一方在仲裁程序中提出的与环境、健康、安全或其他科学事项有关的问题作出书面报告"。通常在决策过程中，前置的公众参与程序可以尽可能地将纠纷解决在政策制定的协商阶段，最大限度地降低政策执行阶段产生纠纷的可能。而"专家报告"程序则在实际处理纠纷的过程中通过专家报告的形式将纠纷的处理尽可能地专业化，保证问题处理的公平公允，从而保证合理的管理性措施可以得到有力的执行。

2012BIT 范本通过第 6 条"投资与环境"和第 32 条"专家报告"两条内容对近年来有关仲裁案件关注的法律问题进行了一定程度上的回应，其核心目的在于明确缔约国政府行使职权的范围，尽可能降低纠纷产生的可能。毕竟涉及环境问题的纠纷一旦失利，产生的赔偿数额通常都会是天文数字。另一方面，通过专家报告程序，将"法庭之友"明确地引入争端解决程序，则尽可能地保障了纠纷解决的科学性。

从美国 BIT 范本有关环境保护条款的变化我们可以清晰地看出仲裁实践带来的影响。NAFTA 之后，基于 NAFTA 第 1105 条和 1110 条提出的投资仲裁有不少是由环境问题引发的，裁决涉及对东道国环境保护政策、法律法规调整行为合法性的认定。有批评认为，NAFTA 和 NAAEC 的制度设计本身就是"失败的设计"，[1] 这种设计混合的制度框架包含了两种互相冲突且不可融合的元素：对抗式的法律程序，以贸易制裁和公众申请为代表；合作的、政府间的程序，包含在其他合作协议里。[2] 从制度设计的角度讲，对抗式程序，尤其是公众申请程序的设计满足了反对 NAFTA 一方的诉求，但贸易制裁从协议生效开始就没有被使用过，[3] 批评者认为这种设计本来是针对"污染者天堂"的假设作出的，事实上该假设变成现实的可能性太小，作出这种假设缺乏政策上的基本逻辑。[4] 还有批评认为，NAFTA 和 NAAEC 中的合作因素太多，远远超过了争端解决在两个协议中所占的分量，从而导致一些反对 NAFTA 的组织将是否纳入司法和准司法因素作为接受北美地区经济进一步融合的先决条件。[5]

正是在上述批评意见的基础上，尤其是对环境保护条款的效力、多边环境公约的效力、争端解决、公众参与等制度设计问题的批评与反思，美国调整了对外缔结的 IIAs 有关环境条款的内容。首先，在 2000 年与约旦缔结的 FTA 中将环境问题写进正文，使其与贸易、投资拥有了同等的重要性，同时环境问题可以同贸

---

〔1〕 Isabel Studer, "The NAFTA Side Agreements: Toward a More Cooperative Approach", *Wake Forest Law Review*, 45（2010），469.

〔2〕 Ibid.

〔3〕 Ibid.

〔4〕 Ibid.

〔5〕 Ibid.

易、投资等问题一样使用一般性的争端解决程序。其次，在2006年与秘鲁签订的贸易伙伴协定（TPA）中重新整理了多边环境条约清单，从 NAFTA 的 3 个变成当时的 7 个。最后，在美国和秘鲁 TPA 的约文中出现了环境问题的国家间争端解决程序，并对环境保护法规的执行进行了单独规定。

正是在总结这些批评意见的基础上，美国联邦贸易委员会和国务院对 BIT 范本的内容进行了调整，[1] 在条约约文中明确了国内环境法的定义；政府基于环境保护和公共利益调整国内法律法规的合法性；还明确了争端解决程序，通过公众参与、专家报告、法庭之友等制度设计，尽可能地保持仲裁程序的中立和举证过程的客观，从而为避免承担国家责任打下良好的法律和证据基础。通过上述条款内容的调整，尝试从条约的角度解决政府管理权的行使边界、环境与投资的关系等涉及环境保护的重要法律问题。本文的后续内容将对上述问题进行逐一论述。

小结

从本质上讲，环境保护与投资保护的冲突是人类经济发展对于自然资源的无节制索取与生态环境供给能力有限的矛盾所引发的，其冲突核心是环境保护的重要性日渐凸显，在人类社会发展的过程中逐渐超越了"经济发展"和"投资自由化"的重要性，使得之前并未出现交集的两个因素在实践中产生了碰撞。这种由于经济社会发展而逐渐显现的矛盾也体现在 IIAs 自身发展的过程中。

早期的 IIAs 并没有环境保护的内容，其目的相对单一。随

---

〔1〕 Edward Guntrip "Labour Standards, the Environment and US Model BIT Practice: Where to Next", Journal of World Investment & Trade, 12 (2011), 101.

着可持续发展理念的形成和全球化的推动，环境保护逐渐成为国际社会关心的一个话题，同时也意味着在传统 IIAs 签订的利益考量中又有了一个新的成员。随着环境保护的出现，其与传统利益——投资者保护——之间的冲突成为必然，而这种冲突又推动了缔约实践和国际仲裁实践的发展，将两者逐渐融合。

从 IIAs 中环境保护与投资保护的关系演进的角度考虑，大致经历了四个发展阶段：宣示，两者之间投资者保护义务远胜于环境保护；合作，以投资促环保，实现可持续发展；制衡，明确政府管理权的合法性，给环境政策调整足够的空间；促进，在制衡的基础上提高环境保护标准，通过多边条约达到保护资本输出的目的。最早期 IIAs 中的环境保护仅仅是为了政治正确地宣示和获取选票的筹码，而伴随着国际仲裁实践，环境保护逐渐成为投资者保护的一种新型制约。同时，全球化也推动立法者们思考环境保护与投资者保护之间是否有可能形成一种良性互动，从而诞生了以合作的方式推动两者共同发展的新型关系，并通过条约内容固定下来。目前的 2012BIT 范本实际上是多年来缔约实践的综合，在充分考虑两者制约与互动的基础上，通过争端解决的制度设计将环境保护变成了一个可以引领投资发展的因素，这不得不说是缔约实践上的一大创新。比较大的遗憾是环境纠纷没能进入争端解决的司法程序，而是停留在了磋商的阶段。

当然，无论在理论上两者之间的关系可以总结出多少形式，在国际司法实践中，它们之间的冲突以及其引发的对于国际法原则的重新思考都是难以避免的，其核心就是政府管理权与投资者利益之间的平衡。涉及公平公正待遇和征收等国际法原则的解释适用，将在后续章节详细分析。

第三章 环境保护对投资仲裁的影响

近年来涉及环境问题的案件有很多，通过对这些案件的裁决，国际司法机构逐渐厘清了一些裁判问题和法律适用的边界，包括管辖权的确定、准据法的选择和证据规则的某些改变。本章即先从程序问题的角度对环境保护的影响进行初步分析。

第一节 管辖权的确定

国际投资仲裁的管辖权一般都基于双方同意，这种同意通常会有三种主要的表达渠道：合同、国内立法或条约。关于这个结论，有众多学术著作都进行过类似的归纳。[1]

首先，在投资者与东道国之间的合同中会有承诺将未来可能产生的争端提交仲裁的条款。ICSID、常设仲裁法院（PCA）等机构也会提供将争端提交它们管辖的条款范本供争端双方选用。这些范本条款一般会采用非常宽泛的表达方式，如依据合同"产生的或与其有关的任何争端"或"任何因解释、适用或履行协议产生的争端、诉求，包括合同的有效性或终止等"。有一些条款会对可仲裁争端进行一些限制，确定某些争端可以仲裁或排除

---

〔1〕 Rudolf Dolzer and Christoph Schreuer, Principles of International Investment Law, Oxford University Press, 2008, pp. 238-53; Christoph Schreuer, "Jurisdiction and Applicable Law in Investment Treaty Arbitration", *McGill Journal of Dispute Resolution*, 1 (2015 2014), 1.

某些争端的可仲裁性。一直到 20 世纪 80 年代末，上述条款一直是争端提交仲裁的最主要依据。[1]

20 世纪 90 年代，随着 BITs 和 FTAs 的兴起，依据投资者与东道国之间的合同条款将争端提交仲裁的方式才逐渐被取代。BITs 和 FTAs 中的争端解决条款逐渐成为投资者与东道国之间争端提交仲裁的主要依据。1990 年 6 月 27 日，ICSID 对 AAPL V. Sri Lanka 案作出裁决，该案仲裁庭将其管辖权直接建立在适用的 BITs 中有关争端解决的条款上，成为以 BITs 或 FTAs 条款作为管辖权依据的经典案例。[2] 此后，这种即使投资者和东道国没有仲裁合意的情况下，依旧可以依据 BITs 或 FTAs 仲裁条款对案件行使管辖权的观点逐渐流行开来。NAFTA 和 ECT 也相继采用了在条约中规定仲裁条款的方法，并规定了可选择的仲裁规则，如 ICSID 仲裁规则、联合国国际贸易法委员会（UNCITRAL）仲裁规则等。我国的 BIT 和 FTA 也接受了这种确定仲裁管辖权的方式。最新签订的中韩 FTA 第 12 章"投资"部分有关争端解决的内容就是很好的例证。

第三种确定管辖权的依据是东道国的国内立法。有些国家为了吸引外资会在国内立法中单方面规定仲裁条款。结合条约中的仲裁条款，一旦投资者选择了仲裁，这种单方承诺即对东道国产生约束力。对于 SPP v. Egypt 案，仲裁庭就依据埃及国内法决定了其管辖权。[3] 但这种管辖权的确定方式在实践中的适用并不普遍。

---

[1] Jorge E. Vinuales, *Foreign Investment and the Environment in International Law*, p. 87.

[2] Asian Agricultural Products Ltd. (AAPL) v. The Republic of Sri Lanka, No. Case No. ARB/87/3（ICSID June 27, 1990）.

[3] Southern Pacific Properties（Middle East）Limited v. Arab Republic of Egypt, No. Case No. ARB/84/3（ICSID May 20, 1992）paras. 10–24.

近年来随着环境问题的介入，仲裁管辖权的确定不得不开始考虑争议中的环境问题的性质。

1.1 环境争议引起的投资争议

实践中，东道国违反环境保护义务的行为有可能构成对投资保护义务的违反，尤其是投资本身严重依赖东道国环境法规的贯彻执行的情况。一个比较典型的例子是加拿大 Peter A. Allard 诉巴巴多斯共和国的案子。[1] 该案申请人 Peter A. Allard 称，其在巴巴多斯进行的是一项生态旅游投资，巴巴多斯政府未能履行其依据国际法和国内法应当承担的保护湿地生态系统的义务，这种行为严重损害了投资人赖以盈利的地区的生态环境，进而影响了投资收益。申请人认为，巴巴多斯政府的不作为构成了对加拿大与巴巴多斯 BIT 中公平公正待遇和征收条款的违反。目前该案已经被 PCA 受理，仲裁庭已经组成，正在审理中。与之前提到的 Tecmed v. Mexico 案、Metalclad v. Mexico 案、Methanex v. U-nited States 案、Glamis Gold Ltd. v. US 案、S. D. Myers v. Canada 案、Ethyl Corp v. Canada 案等不同的是，上述案件中的投资问题是因为环境政策调整后直接对企业产生效力导致的投资受损，而 Peter A. Allard 案则是因为周边环境受损导致投资收益受到影响而提起的仲裁。无论案件的处理结果如何，该案的发生都意味着因环境保护而导致的投资仲裁的受案范围的扩张可能性。

1.2 单独的环境争议

单独的环境争议与前述争议不同的是，这里所说的环境争议

---

[1] Peter A. Allard (Canada) v. The Government of Barbados, No. PCA Case No. 2012-06 (n. d.).

是基于对非仲裁条款所涉条约的其他条约中环境义务的违反而产生的争议。目前的案例中还没有仅就环境问题而依据投资争议条款提起仲裁的案例，可以参考的一个案例是 Antoine Biloune v. Ghana Investment Centre and the Government of Ghana 案。该案申请人要求依据 UNCITRAL 仲裁规则组建的仲裁庭对东道国违反国际人权法的行为进行审理，仲裁庭基于对仲裁规则的理解，拒绝了申请人的要求。[1] 仲裁庭认为，申请人提起仲裁申请的依据是双方同意的基于投资产生的争议可以仲裁的合意，虽然加纳政府违反国际人权法的行为有可能对申请人的投资产生影响，并构成申请人申请仲裁的基础，但仅就违反国际人权法的行为作出裁决超出了仲裁庭的管辖权。[2]

但近期海牙国际法庭（ICJ）的一个判决可能改变前案仲裁庭对单独环境争议是否可依据仲裁条款主张管辖权的某些理解。

1975 年 2 月，为了保护乌拉圭河流经区域的生态环境，阿根廷和乌拉圭签署了《乌拉圭河协议》（*Statute of River Uruguay*）（以下简称 1975 年协议）。[3] 2005 年 11 月，乌拉圭政府授权一家名为 Empresa Nacional de Celulosas de Espa. a（ENCE）的西班牙公司沿河修建一座纸浆厂（以下简称 CMB 纸浆厂），2006 年 9 月，ENCE 放弃了建设规划。[4] 随后，乌拉圭政府授权名为"Botnia S. A."和"Botnia Fray Bentos S. A."的公司在距离 CMB

[1]　Antoine Biloune（Syria）and Marine Drive Complex Ltd.（Ghana）v. Ghana Investment Centre and the Government of Ghana（October 27, 1989）.

[2]　Antoine Biloune（Syria）and Marine Drive Complex Ltd.（Ghana）v. Ghana Investment Centre and the Government of Ghana, Ad Hoc-Award.

[3]　United Nations, *Summaries of Judgments, Advisory Opinions and Orders of the International Court of Justice* 2008 - 2012, Sales No. E. 13. V. 9, ST/LEG/SER. F/1/Add. 5, New York: United Nations Publication, 2013, p. 98.

[4]　Ibid, 99-100.

纸浆厂原址不远处修建名为 Orion 的第二座纸浆厂，该厂于 2007 年 11 月投入运营。[1]

阿根廷认为，纸浆厂的运营破坏了乌拉圭河流域的自然环境，包括视觉上的污染（visual）、气味的污染（bad odours）、噪音污染（noise）、空气污染和水污染，构成了对 1975 年协议义务的违反，依据《国际法院规约》第 36 条和 1975 年协议第 60 条[2]有关争端解决的规定，将乌拉圭政府诉至 ICJ，请求判定乌拉圭违反了 1975 年协议的条约义务。阿根廷同时主张，在解释 1975 年协议时，ICJ 应当考虑有关条约解释的条约、有关水域保护的条约和国际法原则、有关可持续发展的原则。[3] 考虑到 1975 年协议第 1 条[4]和第 41 条[5]的规定，阿根廷认为是"指引条款"，因此 ICJ 对双方均为成员的、与 1975 年协议相关的所

---

[1] Ibid, 100.

[2] Article 60. Any dispute concerning the interpretation or application of the Treaty and the Statute which cannot be settled by direct negotiations may be submitted by either Party to the International Court of Justice.

[3] ICJ, Pulp Mills on the River Uruguay (Argentina v. Uruguay) (ICJ April 20, 2010) para 55.

[4] Article 1. The Parties agree on this Statute, in implementation of the provisions of article 7 of the Treaty concerning the Boundary Constituted by the River Uruguay, of 7 April 1961, 3 in order to establish the joint machinery necessary for the optimum and rational utilization of the River Uruguay, in strict observance of the rights and obligations arising from treaties and other international agreements in force for each of the Parties.

[5] Article 41 Without prejudice to the functions assigned to the Commission in this respect, the Parties undertake: (a) To protect and preserve the aquatic environment and, in particular, to prevent its pollution, by prescribing appropriate rules and measures in accordance with applicable international agreements and in keeping, where relevant, with the guidelines and recommendations of international technical bodies; (b) Not to reduce in theirrespective legal systems: (1) The technical requirements in force for preventing water pollution, and (2) The severity of the penalties established for violations; (c) To inform one another of any rules which they plan to prescribe with regard to water pollution in order to establish equivalent rules in their respective legal systems.

有有关环境问题的条约义务的违反均有管辖权。[1]

乌拉圭承认 ICJ 依据 1975 年协议第 60 条对有关争议拥有管辖权；承认出于对 1975 年协议的违反造成的对乌拉圭河及其附属生态系统的污染，ICJ 拥有管辖权；承认由于 Orion 纸浆厂的运营对乌拉圭河造成的水污染，ICJ 拥有管辖权；但是阿根廷不能将所有环境争议都依据第 60 条提交 ICJ 管辖。[2] 乌拉圭仅同意 ICJ 对 Orion 纸浆厂造成的水污染和空气污染导致的水体和生态系统污染拥有管辖权。[3]

乌阿双方在 ICJ 管辖权的具体范围方面存在较大争议。对此，ICJ 在判决中指出，1975 年协议第 1 条和第 41 条不是"指引条款"，不能依据其判定缔约双方应当依据其他条约的要求履行 1975 年协议项下的环境义务，因此，上述两个条款不能成为 ICJ 管辖权的基础，[4] ICJ 对"视觉上的污染"和"气味污染"均无管辖权；但对于 1975 年协议有关条款的解释问题，ICJ 认为其可以依据有关条约解释的习惯国际法和国际法原则行使管辖权。[5] 因此，在解释 1975 年协议的问题上，包括有关国际法，无论其是条约还是一般国际法原则，在乌阿双方之间的适用问题，无论是否依据 1975 年协议赋予 ICJ 管辖权，ICJ 均可对其行使管辖。[6]

这一判决虽然驳回了阿根廷提出的管辖权依据，但 ICJ 的论证过程却意味着如果 IIAs 中有相对宽泛的管辖权条款或者指引

---

〔1〕 ICJ, Pulp Mills, Judgement para 56.

〔2〕 Ibid, para 49.

〔3〕 Ibid, para 49.

〔4〕 Ibid, paras 48-66.

〔5〕 Ibid, 65.

〔6〕 Ibid, 66.

条款，即在条约相关内容不够明确的情况下，国际司法机构可以以"条约解释"为由对案件进行管辖，这也就意味着投资者则有可能依据 IIAs 中的争端解决条款提起单独的环境争议仲裁。

1.3 作为投资的环境权利

实践中，对于环境问题的关注往往可以影响投资的存续。2007 年我国厦门 PX 项目事件、2012 年启东王子纸业排海工程事件均因公众的关注和反对或迁址，或取消，凸显了环境问题对于投资的重要性。虽然上述事件在我国还没有上升到以环境法规来决定投资存续的层面，但环境立法通过确认某种特殊性质的权利资产可以对受保护的"投资"范围产生影响，进而影响投资的实际进展。

在 Naftrac Limited v. National Environmental Investment Agency（Ukraine）案中，投资者就主张其依据环境条约享有的权利是其投资的一部分。投资者认为其被剥夺了依据《气候变化框架公约京都议定书》第 6 条规定所应当得到的"排放消减单位"，乌克兰国家环境投资机构将其非法排除在落实《气候变化框架公约京都议定书》的相关计划之外，导致其权利被剥夺，致使其投资项目的减排目标未能完成，进而影响了投资。[1] 虽然 PCA 组成的仲裁庭认为排放消减单位的具体落实是通过缔约国国内法进行的，仲裁庭无权管辖，但并没有否定投资人将"排放消减单位"作为投资权益的说法。

另一个可以作为参考的典型案例是 Bayview v. Mexico 案。[2]

---

〔1〕　See Jorge E. Vinuales, *Foreign Investment and the Environment in International Law*, p. 96.

〔2〕　Bayview Irrigation District et al. v. United Mexican States, No. ICSID Case No. ARB（AF）/05/1（ICSID June 19, 2007）.

里奥格兰德河（Rio Grande River）是美国和墨西哥之间的界河，美国申请人是以 Bayview Irrigation District 为代表的多个企业，[1] 它们主张：涉及里奥格兰德河的水的权利构成了 NAFTA 保护的美国境内的"投资"，因此，墨西哥政府改变了河流的流向，对它们的权益造成了损害，从而构成了对 NAFTA 第十一章的违反。仲裁庭受理了该案，并依据 NAFTA 第十一章有关"投资"定义的规定作出了裁决。仲裁庭认为，NAFTA 保护的投资，是指缔约国一方的投资者在其他缔约国境内设立的投资，而非在本国境内设立的投资；而根据在 Methanex v. United States 案中确立的"法律上的重要联系"（legally significant connection）原则，一缔约国所采取的措施对另一缔约国境内的企业产生影响并不满足该原则，不能构成 NAFTA 第十一章项下所保护的投资；法律上的重要联系是指在投资和采取措施的国家之间建立联系，而不是仅指企业受到影响的结果。[2] 虽然该案的仲裁庭也没有支持申请人的诉求，但同样没有否定环境权利可以作为"投资"并以此为由主张管辖权的理由。

　　这两个案例意味着在 IIAs 中，虽然目前没有条约实践明确环境利益是应当保护的投资，但不完全排除在不久的将来，IIAs

---

〔1〕 Bayview Irrigation District # 11 （U. S. ），Arthur E. Beckwith （U. S. ），Bownsville Irrigation District （U. S. ），Luther Bradford （U. S. ），Cameron County Irrigation District #2 （U. S. ），Cameron County Irrigation District #6 （U. S. ），Capote Farms, Ltd. （formerly Capote Farms, Inc. ） （U. S. ），Delta Lake Irrigation District （U. S. ），Donna Irrigation District Hidalgo County #1 （U. S. ），Richard Drawe （U. S. ），Electric Gin Company of San Benito （U. S. ），Odus D. Emery Jr. （U. S. ），Engelman Irrigation District （U. S. ），Estate of E. F. Davis Jr. （U. S. ），Willard Fike （U. S. ），Fike Farms （U. S. ），Fuller Farms （U. S. ），Hidalgo & Cameron County Irrigation District # 9 （U. S. ），Hidalgo County Irrigation District #1 （U. S. ），Hidalgo County Irrigation District #2 （U. S. ）。

〔2〕 Bayview v. Mexican, Award para 101.

有关"投资"的定义中有可能出现"环境利益"或其他类似表述将与企业相关的环境利益作为被保护的对象。

第二节　准据法的选择

我国有学者将国际投资仲裁准据法的选择理论的发展分成三个阶段：一是传统理论阶段，这一阶段适用国内法的主张占主导地位，投资者与东道国政府间的合同被视为纯粹的国内法合同，争议依据国内法解决，时间上是 20 世纪 50 年代之前；二是 20 世纪 50 年代到 60 年代末期，这一阶段由于国际政治形势的变化，国际投资仲裁的法律适用逐渐产生了国内法与国际法并存的状态；三是 20 世纪 60 年代以来，随着国家对自然资源永久主权原则的确立，发展中国家纷纷主张在国际投资仲裁中以适用东道国法为主，同时尊重国际法的有关原则。[1] 适用的具体分类包括：国际投资条约和其他条约及国际法原则、当事人选择适用的法律、东道国法律、管辖地国法律等。[2] Rudolf 和 Christoph 主张国际投资仲裁准据法包括：条约，含 BITs 和 FTAs；东道国国内法；争端双方选择的法律，这种选择绝大多数情况是同时适用条约和东道国法律，但也有选择适用投资者母国法律或者第三国法律的情况。[3] Jorge 则认为，适用于投资争端的法律可以分为

---

〔1〕　朱克鹏："国际投资争议法律适用理论的发展趋势"，载《法学杂志》1990 年第 4 期。

〔2〕　辛辉、刘玲、江永强："论外商投资仲裁中的几个法律适用问题"，载《商场现代化》2008 年第 17 期；乔慧娟："论国际投资条约仲裁中的法律适用问题"，载《武汉大学学报（哲学社会科学版）》2014 年第 2 期；傅亚东："《华盛顿公约》中适用国际法的问题"，载《陕西教育（高教版）》2007 年第 12 期；郑航："论遵循先例原则在国际投资法中的体现"，载《法制与经济》2015 年第 9 期；郭翎洁："国际法在国际商事仲裁中的法律适用问题"，载《法制博览》2012 年第 6 期。

〔3〕　Rudolf Dolzer and Christoph Schreuer, *Principles of International Investment Law*, p. 265.

合同条款、国内法和国际条约三个层次。[1]

从国际缔约实践来看，有些条约和国际文件倾向于由当事人自己选择适用于其争端的法律，也有条约规定了在当事人没有选择准据法的情况下为其选择适用法律的条款。ICSID 第 42 条就规定了在当事人没有选择准据法的情况下应当适用东道国国内法（含冲突法）和有关国际法。UNCITRAL 和国际商会（ICC）仲裁规则都规定了当事人选择的准据法优先适用的原则。[2]

一些比较特殊的情况是，条约规定适用于争端解决的法律仅为国际法，如 NAFTA 第 1131 条和 ECT 第 26 条。NAFTA 第 1131 条[3]规定："依据本章条款设立的仲裁庭在裁定本协议项下纠纷时应当适用国际法。"ECT 第 26 条第 6 款[4]规定："依据第 4 款设立的仲裁庭在裁决因本条约产生的纠纷时应当适用国际法原则和规则。"我国目前的缔约实践中少有明确规定适用法律范围的条款。

在环境问题逐渐显现之后，包含环境问题的投资仲裁的准据法选择上也出现了一些新的变化。有关环境保护的内容在 IIAs 和国内立法中出现，成为国际投资仲裁过程中需要考虑的因素；单独的环境保护条约中所确立的原则也逐渐成为国际投资仲裁需要考虑的因素，尤其是一般国际法原则。

---

〔1〕 Jorge E. Vinuales, *Foreign Investment and the Environment in International Law* Chapter 2.

〔2〕 Rudolf Dolzer and Christoph Schreuer, *Principles of International Investment Law*, p. 266.

〔3〕 Article 1131: Governing Law1. A Tribunal established under this Section shall decide the issues in dispute in accordance with this Agreement and applicable rules of international law.

〔4〕 ECT26 条第（6）款 A tribunal established under paragraph（4）shall decide the issues in dispute in accordance with this Treaty and applicable rules and principles of international law.

2.1 投资条约□的准据法选择条款

在 IIAs 中设置准据法选择条款是一种普遍的国际实践,[1] 一旦有准据法选择条款, 选择的内容一般都会不外乎三个类别: 东道国国内法、其他国家国内法和国际法。[2] 前段内容中提到的 NAFTA 第 1131 条和 ECT 第 26 条就是以国际法作为准据法的例子。2012BIT 范本第 30 条关于准据法的规定更为全面, 不仅明确了双方选择的任何法律、东道国国内法和国际法都可以作为投资争端的准据法, 而且明确规定了缔约双方有关 BIT 条款的 "联合决定" (joint decision) 对仲裁庭同样具有拘束力, 这一内容与原来的 2004 年范本完全一致。2012BIT 范本的宽泛规定为有关环境问题的国际法和国内法在投资仲裁案件中的适用预留了空间。如果在双方选择适用□法律中包含了有关环境问题或者其他任何内容的法律, 都应该可以在投资仲裁中适用。

2.2 环境法规对投资有效性的影响

有关这个问题的探讨是建立在投资和投资的运作违反了东道国国内法的假设上的。如果一项投资违反了东道国的环境法规, 那么东道国依据其国内环境法规提出有力的抗辩, 而仲裁庭则必须依据东道国的国内环境法规对投资作出定性。这种情况下, 东道国环境法规就成为仲裁庭在法律适用过程中需要重点考虑的内容。这里有两个不同□情况需要明确: 如果 IIAs 没有将准据法选择限制为 "国际法", 那么东道国的国内环境法规就会成为准

---

〔1〕　Jorge E. Vinuales, *Foreign Investment and the Environment in International Law*, p. 102.

〔2〕　Rudolf Dolzer and Christoph Schreuer, *Principles of International Investment Law*, p. 265.

据法的一部分；如果像 NAFTA 和 ECT 规定的那样，只能以国际法作为准据法，那么东道国的国内环境法规就会成为一个"事实问题"在裁决过程中予以参考。

2.3 默示选择情况下的法律适用

前文提到的 Pulp Mill 案，ICJ 在其裁决中指出，由于近年来越来越多的国家接受了国家的环境保护义务，因此在批准投资项目之前进行环境影响评估已经是一般国际法内容的一部分。[1] 但"环境影响评估的具体要求应当由各国国内立法规定或者授权"。[2] 在这里，ICJ 分别适用了国际法和国内法对涉及该案的事实问题进行了法律判断，将国际法和国内法在两个不同的但互相联系的层面进行了适用。在 IIAs 缺少法律选择条款的情况下，多数仲裁机构的仲裁条款都会规定可以以国内法和国际法作为准据法。这种情况下，就会涉及准据法适用的层次问题。有观点认为应当以国内法来判断投资者与东道国之间的合同义务，以国际法来判断东道国是否违反了其条约义务，而 Pulp Mill 案的判决显示了 ICJ 似乎是认为投资者与东道国之间的合同义务的履行与 IIA 缔约双方的国际义务有一定的关联，不能完全分开处理。仲裁庭则有可能选择另外一种不同的处理方式，即将可以适用的国际法和国内法组合成一个独特的体系在一个案件中统一适用。[3]

另外一种特殊情况是案件的实体问题同时由国内法和国际法调整，在这种情况下，法律的适用将更为复杂，需要明确各个条

---

〔1〕 ICJ, Pulp Mills, Judgement paras 203-219.

〔2〕 Ibid, 205.

〔3〕 Jorge E. Vinuales, *Foreign Investment and the Environment in International Law*, p. 107.

文之间的适用层级问题。

2.4 具体环境概念的运用

环境保护在准据法问题上除了对上述三个部分产生影响外，在仲裁过程中还有一个重要影响需要提及——具体环境概念在仲裁过程中的运用。一般来讲，具体的环境概念在实践中可以用来作为一种解释工具、规定某一类特定的行为或者用作裁决论证的参考。

前文提到的 Pulp Mill 案中，阿根廷主张 1975 年协议第 1 条和第 41 条的规定是"指引条款"，因此 ICJ 对双方均为成员的、与 1975 年协议相关的所有有关环境问题的条约义务的违反均有管辖权。ICJ 否定了阿根廷有关"指引条款"的主张，但同时明确了有关环境条约的内容在条约解释的过程中应予以考虑。[1]

在 SPP v. Egypt 案中，仲裁庭认为作为《世界遗产公约》的缔约国，埃及应当遵守公约义务，不能做出公约禁止或与公约义务相反的行为，[2] 因此，此案中《世界遗产公约》被用来限制缔约方的具体行为。

关于第三点，用作裁决论证的参考，近年来常出现在 ICSID 仲裁的案件中。一个比较典型的案例是 Tecmed v. Mexico 案。[3] 该案中，仲裁庭在讨论 BIT 征收条款是否适用时引入了比例原则，在讨论比例原则应当如何适用，如何平衡公共政策、公共利益和投资者保护之间的关系时，引用了欧洲人权法院的案例作为

---

〔1〕　ICJ, Pulp Mills, Judgement paras 64-66.

〔2〕　SPP v. Egypt, Award para 78.

〔3〕　Técnicas Medioambientales Tecmed, S. A. v. United Mexican States, No. IC-SID Case No. ARB（AF）/00/2（ICSID May 29, 2003）.

参考来说明比例原则的界限。[1]

第三节　证据规则的改变

除管辖权确定和准据法选择外，环境问题对国际投资仲裁的另一个重要影响应该是证据规则。环境问题的举证经常面临两个严峻的挑战：一是举证的科学要求严格；二是证据在科学上存在极大的不确定性。[2] 在涉及环境问题的投资案件中，法官和仲裁员经常面临的问题是以一个非专业人士（环境和技术领域）的身份充分、准确地理解复杂的、高度专业化的环境问题和各种评估程序，在各种专业的意见中作出准确的判断。这是法官和仲裁员面临的非常严峻的挑战。最初的案件中，仲裁员们对于环境问题的专业意见是不愿意作出判断的，就像在 WTO 专家组对 EC Asbestos 的报告中阐述的，"对于双方提交的科学信息，专家组需要指出的是，专家组组成的目的不是为了解决争议双方在科学领域的分歧，专家组的组成人员也不是这方面的专业人士。因此，专家组不会对科学领域的观点作出裁判"。[3] 上述说法虽然表面上看起来有一定道理，但事实上对于涉及环境问题的争端如果不对有关问题作出合适的判断是很难就实体问题作出裁决

---

〔1〕 Técnicas Medioambientales Tecmed, S. A. v. United Mexican States, No. IC-SID Case No. ARB（AF）/00/2（ICSID May 29, 2003）para 68.

〔2〕 Alessandra Lehmen, "Case for the Creation of an International Environment Court: Non-State Actors and International Environmental Dispute Resolution, The", *Colorado Natural Resources*, *Energy & Environmental Law Review*, 26（2015）, 179；Raymond Doak Bishop, James Crawford, and W. Michael Reisman, *Foreign Investment Disputes: Cases, Materials and Commentary*, Kluwer Law International, 2005.

〔3〕 WTO, Canada v. European Communities, No. WT/DS135/R（WTO Panel September 18, 2000）para 8.181.

的。在著名的 GabCikovo-Nagymaros 案[1] 的判决中，ICJ 指出，"法庭必须平衡双方对于环境问题和发展问题的关切"。[2] 此后在国际司法领域的一系列实践也导致了许多案件中，无论是 WTO 的专家组还是 ICSID 的仲裁庭都不得不对"法庭之友"的意见产生了一定程度的依赖。[3]

3.1 采纳法庭之友（amicus curiae）意见的条约依据

早在 20 世纪 90 年代，国际上就有设立专门的国际环境法庭的尝试。1993 年，ICJ 宣布成立"环境问题特别分庭"（Chamber of the Court for Environmental Matters）。ICJ 对于成立环境问题特别分庭的解释是，"出于对近年来国际环境法和环境保护领域的发展的考虑"并为"应对其管辖权范围内的环境案件做好充分的准备"。[4] 可惜的是，该分庭的活动于 2006 年中止了。

虽然 ICJ 没能为环境问题设立特殊规则，但国际仲裁领域的实践还是为环境问题的解决提出了另一个途径。

2001 年，PCA 制订了《环境和自然资源仲裁任择规则》（*Optional Rules for Arbitration of Disputes Relating to the Environment and /or Natural Resources*）。该规则是在 UNCITRAL 的基础上，考虑了自然资源、环境保护等因素并进行了调整，争端各方可以在

---

〔1〕　GabCikovo-Nagymaros Project（Hungary v. Slovakia），No. Judgment，I. C. J. Reports 1997，p. 7（ICJ September 25，1997）.

〔2〕　GabCikovo-Nagymaros para 88.

〔3〕　Deok-Young Park and Seu-Yeun Lee，"Analysis of Environment-Related Investment Arbitration Cases under NAFTA and Their Implications for the Korea-U. S. FTA"，*Journal of Arbitration Studies*，22（2012），103.

〔4〕　Christina L. Beharry and Melinda E. Kuritzky，"Going Green：Managing the Environment through International Investment Arbitration"，*American University International Law Review*，30（2015），383.

合同、条约或各方合意的基础上选择适用。规则在仲裁员选择、专家选择和帮助仲裁庭对科学和技术问题进行评估方面作了特别规定，比如 PCA 就环境问题的解决准备了该领域的专家名录；[1] 再者，一般的仲裁规则里仲裁庭不能自己指定专家来提交专家意见，但该规则授权仲裁庭在有 PCA 秘书长参与的情况下指定仲裁庭自己的专家提供专业意见，费用由当事方承担。

ICSID 的仲裁规则也在相关案件的推动下作了修改，明确了仲裁庭可以接受法庭之友。在 ICSID 项下第一个明确接受法庭之友意见的仲裁庭是 Suez, Sociedad General de Aguas de Barcelona SA, and Vivendi Universal SA v. Argentine 案的仲裁庭。[2] 在该案仲裁过程中，一些 NGO 要求以法庭之友的身份参与仲裁听证、提交说明并查阅案件资料。2005 年 5 月，仲裁庭就法庭之友的问题单独作出一份决定，陈述了对法庭之友参与案件的态度。仲裁庭认为，依据《解决国家与他国国民之间投资争议公约》（以下简称 ICSID 公约）第 44 条可以接受法庭之友的意见材料，同时接受法庭之友提交的材料可以增加案件仲裁的合法性，提高透明度和公众参与度，更好地保护公众利益并使公众更好地理解 ICSID 的仲裁程序。[3] 同时，仲裁庭为接受法庭之友提交的意见设定了三项标准：①案件主体事项的合适性；②非当事方作为

---

〔1〕 Beharry and Kuritzky; Mehmet Ogutcu, "New Horizons for International Investment and Sustainable Development", *Journal of World Investment*, 3（2002），455.

〔2〕 Tomoko Ishikawa, "Third Party Participation in Investment Treaty Arbitration," International & Comparative Law Quarterly 59, no. 02（2010）：373–412, https：// doi. org/10. 1017/S0020589310000059.

〔3〕 ICSID, Suez, Sociedad General de Aguas de Barcelona SA, and Vivendi Universal SA v. Argentine, No. ICSID Case No. ARB/03/19（ICSID May 19, 2005）para 22.

法庭之友资格的合适性；③法庭之友意见提交程序的合适性。[1] 仲裁庭同时以没有获得当事双方同意为理由拒绝了法庭之友参与仲裁听证程序的要求。

由于涉及法庭之友提交意见的案件逐渐增多，2006 年 ICSID 修改了其仲裁程序，在原有程序规则第 37 条增加了第 2 款，明确了仲裁庭对接受法庭之友提交的"书面"材料拥有自由裁量权。

在 WTO 框架下一般认为，WTO 的《争端解决谅解备忘录》（DSU）授权专家组可以接受法庭之友的书面意见。DSU 第 12.1 条和第 13 条规定专家组有权在 DSU 附件 3 规定的工作程序之外，向其认为合适的个人或者机构寻求信息或技术帮助。DSU 附件 4 还专门规定了专家复审小组的工作内容和程序。2001 年，上诉机构关于 Shrimp-Turle[2] 案的报告中确认了专家组可以依据 DSU 第 12.1 条的规定接受法庭之友提交的书面材料，同时明确专家组有权自行决定对法庭之友提交的材料如何处理。在后来的 Asbestos 案中，上诉机构进一步明确，上诉机构对法庭之友意见的研究并不意味着其会在最终报告里对法庭之友意见中的法律问题进行阐述，事实上，该案 17 份法庭之友的意见上诉机构均未采纳。[3]

实践中，法庭之友的意见从未对专家组或上诉机构的报告产生过太大影响，[4] 因为无论是专家组还是上诉机构，要么明确

---

〔1〕 ICSID, Order in Response to a Petition for Transparency and Participation as Amicus Curiae para 17.

〔2〕 Appellate Body, United States-Import Prohibition of Certain Shrimp and Shrimp Products, No. WT/DS58/AB/RW（Appellate Body October 22, 2001）.

〔3〕 WTO, EC-Asbestos para 52.

〔4〕 Ishikawa, "Third Party Participation in Investment Treaty Arbitration".

声称法庭之友的意见没有对最终报告产生影响，要么对法庭之友意见的作用保持沉默。[1]

3.2 举证责任的变化

一般来讲，国际法上的一个基本原则是，在案件审理或仲裁过程中各方要为自己的主张承担举证责任。[2] 对这一原则的背离很少出现。[3] 但国际法庭或仲裁庭的确可以在环境风险或者特殊行为造成的损害难以确定时适当调整举证责任。[4] ICJ 在 Corfu 海峡案判决中曾指出，"由于国家的绝对控制，其违反国际法行为的被害人经常难以取得证明事实的直接证据，因此该国家应在事实证据和环境证据（circumstances evidence）方面承担更大的责任……如果一系列事实联系在一起并在逻辑上导致一个清晰结论的话，它应当被看作一种特殊的举证责任调整"。[5]

理论上，在涉及环境问题的领域，有学者主张举证责任合理调整可以通过对"预防原则"（precautionary principle）的解释适用来实现，[6] 但现实的问题是关于预防原则目前还没有比较统一的理解。由于环境问题可能产生的社会风险比较大，许多环境损害都是不可逆的；同时，缺少风险评估程序、缺乏数据以及损害的不确定都会导致环境问题的前期科学论证的不确定性。因此，在这种"不确定"的前提下，将社会整体承担的风险转移

---

〔1〕 Ibid.

〔2〕 Mojtaba Kazazi and Bette E. Shifman, "Evidence before International Tribunals-Introdution", *International Law FORUM Du Droit International*, 1（1999）, 193.

〔3〕 Beharry and Kuritzky, "Going Green".

〔4〕 Ibid.

〔5〕 The Corfu Channel Case（UK v. Albania）, No. Judgement（ICJ April 9, 1949）.

〔6〕 Beharry and Kuritzky, "Going Green"; Kazazi and Shifman, "Evidence before International Tribunals - Introduction".

给做出风险性行为的行为人，由其去证明其行为的安全性，在逻辑上应该是合理的。在上述情况下，预防原则实际上被用作一种防御措施，防止政府或企业在危害不确定的情况下实施相关行为。

举证责任的调整通常会有两种情况，一种是将举证责任倒置，另一种是将举证的标准降低。第一种情况曾经出现在欧共体在 WTO 多哈回合谈判的一个提案中，欧共体建议对涉及多边环境公约和 GATT1994 一般例外条款的贸易限制措施采取举证责任倒置的原则，即基于多边环境公约的限制贸易措施被默认为符合一般例外条款的规定，除非受影响的缔约方能够作出相反的证明。[1] 不过该提议未获支持。ICJ 在 Pulp Mill 案判决中的意见也显示对上述做法持保留态度。阿根廷主张，乌拉圭河法案默认了预防原则，因此应由乌拉圭方面证明不会对环境产生严重损害。但 ICJ 否定了该主张，ICJ 认为，"也许预防原则在解释和适用乌拉圭河法案条文的过程中是相关的，但它并不意味着将举证的义务倒置"。[2]

降低举证标准的情况在 WTO 有关案件中曾出现过。在 EC-Hormones 案中，上诉机构确认，依据 SPS 协议，申请人只需要提供表面证据证明被申请人违反了义务即可。[3]

小结

环境保护对于投资仲裁的程序影响目前展现出来的主要集中

---

〔1〕　See Raymond Doak Bishop, James Crawford, and W. Michael Reisman, *Foreign Investment Disputes: Cases, Materials and Commentary*, p. 122.

〔2〕　ICJ, Pulp Mills, Judgement para 160.

〔3〕　See Jorge E. Viñuales, *Foreign Investment and the Environment in International Law*, p. 123.

在管辖权的确定、准据法的选择和证据规则的改变三个方面。这三个方面几乎涵盖了国际投资仲裁程序规则中最为核心的部分。然而，由于国际仲裁机构繁多，在程序规则方面缺少统一的国际立法，因此很难总结出一套适用于各个方面的相关规则变化的标准答案。但一个明确的可以预见的趋势是，由于环境保护问题的日益凸显，作为一类新型的法律纠纷，原有程序规则的调整已经成为一种必然趋势。这一点在管辖权的确定和证据规则方面的体现尤为突出。首先，目前的投资仲裁中，纯以环境保护为由提起的仲裁案件还没有出现，众多 IIAs 也并未将这类问题在条约中列为受案范围。但环境权益作为一项经济利益已经在一定程度上得到了认可。ICJ 在 Pulp Mill 案中的态度也一定程度上支持了上述看法。虽然 ICJ 不认为其依据涉案双方的有关条约对环境问题拥有管辖权（"视觉上的污染"和"气味污染"均无管辖权），但 ICJ 还是以该案涉及条约解释为由受理了案件并对实体问题作出了有效裁决。虽然 ICJ 设立特别环境法庭的尝试无疾而终，但通过该案的尝试在实践中确立了对环境问题行使管辖权的一种合理方式。鉴于 ICJ 的国际影响力，这也许会成为推动环境问题成为独立的仲裁事由的开端。其次，在证据规则方面，由于环境保护的特殊专业性，仲裁过程中仲裁庭对专家意见的依赖程度非常高。专家意见在很多时候可能成为左右案件最终走向的关键。因此，公众参与和法庭之友在涉及环境问题的投资仲裁中变得尤为重要。

虽然难以预测程序规则变化的最终走向，但可以确定的一点是，为了应对环境保护这类新的问题，有关规则的变化还将按照现有的方向进一步细化以适应形势的发展。

第四章　环境保护对征收条款的影响

国际法中有关征收外国人财产的法律规范一直是外国人，尤其是外国投资者关注的核心问题之一，也是各国在缔结 IIAs 的过程中重点关注的问题。从影响上看，征收是干预外国人财产权最为严厉的一种方式。征收导致的直接后果就是摧毁了外国投资者基于投资的所有预期。最低标准待遇是习惯国际法上从保护外国人的角度对东道国主权行为进行限制的原则；条约中有关征收的特别条款则是各国在缔约实践中对外国投资者进行保护的一种选择。

我国目前有效的 115 个 IIAs 中几乎全部含有征收条款。

从条约规定的内容可以看出，其大致包含了征收的例外条件以及补偿的标准和程序。然而在国际司法实践中，众多的判例和学说体现出征收并不像条约规定得如此清晰和易于判断，更多时候，对于征收问题的确定需要区分一系列复杂的因素和条件，对此已有众多文章进行论述分析。国内也有不少著作对征收问题进行探讨。习惯上，我们将征收分成直接征收和间接征收两类。[1]

近年来，随着环境保护问题的发展，国内环境措施导致的征

---

〔1〕　UNCTAD, *Taking of Property*, UNCTAD/ITE/IIT/15, New York and Geneva: United Nations Publication, 2000, 4; 余劲松:《国际投资法》，法律出版社 2007 年版，第 292 页。

收问题受到了越来越多的关注，近年来案例实践的发展已经日趋成熟，对于环境征收的标准也日渐清晰，本章想要探讨的就是案例实践的发展给征收问题的判断标准带来的具体影响。

第一节　征收的概念

依据国家主权原则，传统国际法原则将"征收"看作投资东道国的固有权力，[1] 国家有权因经济、政治、社会或其他原因依据国际法取得国民或外国人的财产。[2] 在实践中，各种有关投资类的条约几乎无一例外地遵循了上述原则，在条约中明确东道国"征收"的权力。只是在缔约实践和学术研究中对征收这一概念的表述不完全相同。比如在英文中经常使用的就有"taking of property""nationalization"和"expropriation"；中文里一般使用的是"国有化"和"征收"这两种表述。依据联合国贸易与发展会议（UNCTAD）2000 年的出版物 "*Taking of Property*"[3] 中的概念，"taking of property"包括"征收"和"国有化"两种形式，并将以整个经济部门或产业为目标的财产取得称为国有化；而将以个别公司或实体为目标的财产取得定义为征收。[4] 不过，该出版物在分析财产取得（taking of property）涉及的法律程序、赔偿和判断标准时并没有区分国有化和征收，而是区分了"lawful taking"和"unlawful taking"。Sonarajah 认为，

---

[1] Rudolf Dolzer and Christoph Schreuer, *Principles of International Investment Law*, p. 89; McNair, "The General Principles of Law Recognized by Civilized Nations", *British Year Book of International Law*, 1 (1957).

[2] UNCTAD, *Expropriation*: *UNCTAD Series on Issues in International Investment Agreements II*, UNCTAD/DIAE/IA/2011/7, New York and Geneva: United Nations Publication, 2012, p. 1.

[3] UNCTAD, *Taking of Property*.

[4] Ibid, 4.

国有化应当被理解为"全面的"（across-the-board）、以结束整个经济领域或某个经济部门外国投资为目标的财产取得；而征收则是针对具体公司的财产取得行为。[1]

　　一般认为，大规模取得外国人财产的第一个阶段发生在 20 世纪初俄国革命和墨西哥革命时期，这一阶段通常被定义为国有化。尽管此前也有取得外国人财产的事情发生，但大规模的国有化行为仅伴随社会变革和社会主义革命产生。[2] 这一阶段对国际法的发展产生了重大影响。这一阶段的国有化一般都没有提供补偿，导致了东道国与投资者母国之间的各种冲突。以墨西哥为例，墨西哥在国有化了美国投资人的财产后没有向其提供补偿，美国政府并没有质疑墨西哥国有化的权力，而是提出了国有化的行为应当遵守一系列国际法原则，包括"及时、充分和有效"的补偿。美国时任国务卿 Cordell Hull 在写给墨西哥政府的信中明确提及了上述原则，因此该原则又被称为"赫尔原则"。[3] 赫尔原则蕴含的内在含义是国际法应当为投资者提供全面的保护，东道国在国有化投资者财产时应当遵守这种全面保护的国际法原则。赫尔原则的这一立场被美国提出后，被其他资本输出国广泛接受，但由于补偿标准过高而被广大发展中国家一致抵制。发展中国家认为这种过高的补偿标准会阻碍国有化的进程，延缓经济重建目标的实现。[4]

　　取得外国人财产的第二个阶段是去殖民化时期。这个阶段由于原殖民地国家不断独立，开始尝试在经济上取代宗主国以巩固政治上的地位。这一阶段的主要特点是新独立国家对外国人财产

---

〔1〕　M. Sornarajah, *The International Law on Foreign Investment*, pp. 366–67.

〔2〕　UNCTAD, *Taking of Property*, p. 5.

〔3〕　See UNCTAD, *Taking of Property*, Introduction Note 3.

〔4〕　Ibid, 5.

的国有化。在这一阶段，对于"因经济改革和重建目的而进行的国有化在国际法上应当是合法的"这一观点的接受程度越来越高了。[1] 正因如此，在赔偿问题上新独立国家提出的"适当补偿"（appropriate compensation）原则对赫尔原则构成了挑战。适当补偿原则的提出源起于联合国大会1952年12月21日通过的第626（VII）《关于人民与民族自决权的决议》，1956年12月12日联合国大会又通过了第1314号（VIII）号决议，该决议将民族自决与自然资源永久主权原则联系在一起，承认民族自决权是自然资源永久主权原则的组成部分，这就为适当补偿原则提供了合法性基础。[2] 1962年12月14日，联合国大会第1803（XII）号决议通过了《自然资源永久主权宣言》。该宣言体现了发达国家和发展中国家之间的一种妥协，确认了在国有化过程中应当支付适当的补偿，代表了发展中国家主张的一种胜利，同时该决议也要求"主权国家自主缔结的投资协定应当被善意遵守"，满足了发达国家的利益关注。在这一阶段，对外国人财产的取得被放置在摆脱殖民地宗主国经济控制的目标下讨论，联合国大会决议实际上也为上述目标的实现做了努力。[3]

目前，虽然在政权更迭时期仍有可能出现国有化的情况，但概率已经非常低了，大规模国有化的行为已经逐渐退出历史舞台。虽然无论发展中国家还是发达国家依然可以通过政治行为改变一个产业的结构布局，但这种国有化的权力几乎再没有被使用过，仅在土地使用领域还有大规模收回土地并改变其用途的情况出现。[4] 近期，在拉丁美洲的一些国家，有为挽救遭受2008年~

---

[1] M. Sornarajah, *The International Law on Foreign Investment*, pp. 22-23.

[2] See UNCTAD, *Taking of Property Introduction* Note 5 & 6.

[3] Ibid, 5.

[4] Ibid, 6.

2009 年全球经济危机的影响通过国家紧急措施，包括大规模影响外国投资的汇率措施来调整国民经济的行为，导致外资大面积受损的案例，但在仲裁过程中都未被定性为国有化。目前经常出现的情况是针对个人资产和企业的、目标明确的"征收"行为，且以"间接征收"为主要表现形式。[1]

需要指出的是，几乎所有政府措施都可以构成对外国投资者的干涉，因此问题的难点在于如何区分在国际法下需要进行赔偿的管理措施和不需要进行赔偿的管理措施。这已经日益成为一个有待澄清并设立明确标准的灰色区域。本章所要探讨的"征收"即前文所称取得外国人财产的行为。

1.1 直接征收

直接征收是指强制性的法律上的财产所有权的转移或全面控制，通常征收的受益方都是国家或国家指定的第三方。[2] 通常在直接征收的情况下，公开、故意、明确地转移所有权的意图都会体现在导致征收的法律、法令或者行为之中。

1.2 间接征收

正如征收和国有化本身均没有准确的定义一样，间接征收也没有确定的概念。依据 UNCTAD 的说法，间接征收指在没有所有权转移或全面控制的情况下，导致投资全部或接近全部的剥夺。[3] Sornarajah 也认为，直接征收和间接征收最大的区别就是

---

〔1〕 UNCTAD, *Expropriation：UNCTAD Series on Issues in International Investment Agreements II*，pp. 5–9.

〔2〕 Ibid, 6.

〔3〕 Ibid, 7.

所有权是否受到影响。[1]

在目前的法律环境下，东道国已经很少使用直接征收的手段，因为直接征收会损害投资环境，同时会导致政府公众形象受损并长期影响外国投资人对投资环境的预期。间接征收则可以一定程度上避免上述不良影响，在不影响投资者所有权的情况下剥夺其"充分利用投资的可能性",[2] 还可以否定征收的存在并以此为由拒绝赔偿。

各种仲裁实践和理论著作都在尝试对间接征收作出定义或设定标准。最近一些仲裁庭开始倾向于对间接征收的判断进行简单化的处理，认为只要构成对公平公正待遇的违反就构成间接征收。

在 IIAs 写入征收条款之前，间接征收在国际法中就被确认过。最早的案例可以追溯到 20 世纪二三十年代。常设国际法院（PCIJ）和常设仲裁法院（PCA）在 Polish Upper Silesia 案[3]（又称 the Chorzow Factory Case）和 Norwegian Shipowners' Claims 案[4]中曾经确认过国家的管理措施可以构成间接征收。早期对间接征收的比较典型的定义是"国家采取的管理措施对财产权的干涉导致其可以被认为已经失去用途，即可认定其已被征收"。[5]

各国在投资方面的缔约实践一般都会包含征收条款，通常会

---

[1] M. Sornarajah, *The International Law on Foreign Investment*, p. 92.

[2] Ibid, 92.

[3] Germany v. Poland, No. Series E, No. 2, pp. 99–136（Permanent Court of International Justice May 25, 1925）.

[4] Norway v. the United States（Permanent Court of Arbitration October 13, 1922）.

[5] See UNCTAD, *Expropriation*: *UNCTAD Series on Issues in International Investment Agreements II*, p. 8.

将直接征收和间接征收合在一起。美国 2012BIT 范本对征收的定义表述是"任何一方均不得对协定所保护的投资进行直接的征收或国有化，也不得间接地通过管理措施实现等同于征收或国有化的效果"。NAFTA 的表述与此类似。[1]

关于间接征收，在措辞上有很多不同的表述，如事实征收（de facto）、逐步征收（creeping）、管理性征收（regulatory）等。这些表述一般都是和间接征收代表相同的意思或者指间接征收的一种表现形式。[2] 需要在此特别指出的是，逐步征收指的是由一系列行为导致的投资者对其财产权失去控制，[3] 这种间接征收实际上是政府管理措施或行为的一种"累积结果"。[4] UNCTAD 将其定义为"对于外国投资者一个或多个所有权的累积性的侵犯，最终摧毁或几乎摧毁其投资的价值或使其失去对投资的控制权"。[5] 在 Generation Ukraine v. Ukraine 案的裁决中，仲裁庭将逐步征收归因为"国家在一段时间内的一系列行为累积导

---

[1] 原文：No Party may directly or indirectly nationalize or expropriate an investment of an investor of another Party in its territory or take a measure tantamount to nationalization or expropriation of such an investment.

[2] UNCTAD, *Expropriation*：*UNCTAD Series on Issues in International Investment Agreements II*, p. 11.

[3] Rudolf Dolzer and Christoph Schreuer, *Principles of International Investment Law*, p. 114.

[4] Ibid, 114.

[5] UNCTAD, *Expropriation*：*UNCTAD Series on Issues in International Investment Agreements II*, p. 11 Creeping expropriation may be defined as the incremental encroachment on one or more of the ownership rights of a foreign investor that eventually destroys（or nearly destroys）the value of his or her investment or deprives him or her of control over the investment.

致的对财产的剥夺"。[1]

近年来，各国环境保护法规调整或履行环境条约所赋予的义务对投资者产生了一些不利影响，导致东道国被投资者诉至 IC-SID[2] 或一些临时仲裁庭，这类案件中的征收多被认为是"管理性征收"（regulatory expropriation）。阿根廷为应对 2000 年 ~ 2002 年经济危机采取了一系列国内法措施导致投资者利益受损，曾在一段时间内被不同或相同投资者以各种理由诉至 ICSID，其中不乏被确认为管理性征收的案例。以 Suez et al. v. Argentina 案为例，该案在关于责任分担的仲裁庭裁定中认定阿根廷的一系列"管理"措施构成间接征收。该案仲裁庭认为："间接征收，有些情况下指的是管理性征收（regulatory taking），即东道国动用其立法权或管理权制定的措施在不改变或取消投资者对其财产所有权，或排除其对资产控制的情况下，降低投资者从其投资中可获得收益的情况。"[3]

从上述缔约实践和仲裁实践的列举中可以总结出构成间接征收的几个因素：首先，可归责于国家的行为；其次，对于财产权或其他受保护权利的干涉；再次，有关权利或利益失去了全部或

〔 1 〕 Generation Ukraine Inc. v. Ukraine, No. ICSID Case No. ARB/00/9（ICSID September 16, 2003）para 20. 22, "it encapsulates the situation whereby a series of acts attributable to the State over a period of time culminate in the expropriatory taking of such property."

〔 2 〕 Waste Management, Inc. v. United Mexican States, No. ICSID Case No. ARB（AF）/98/2（ICSID June 2, 2000）; Metalclad Corporation v. United Mexican States, Award; Tecmed v. Mexico, Award; Azurix Corp. v. Argentine Republic, No. ICSID Case No. ARB/01/12（ICSID July 14, 2006）; ICSID, Suez, Sociedad General de Aguas de Barcelona S. A. and Interagua Servicios Integrales de Agua S. A. v. Argentine Republic, No. ICSID Case No. ARB/03/17（ICSID December 4, 2015）.

〔 3 〕 See UNCTAD, *Expropriation*: *UNCTAD Series on Issues in International Investment Agreements II*, p. 11.

大部分价值，或者所有人被剥夺了控制权；最后，所有人依然拥有所有权或依旧表现为实际的占有。[1] 上述四个条件仅仅是对于可能构成间接征收的各种情况和国家实践的总结，并不意味着上述四个条件是构成间接征收的充分必要条件。

1.3 合法征收的标准

出于经济、政治、社会和其他原因，国家对于外国人财产进行征收和国有化的权利是固有的主权权力并被传统国际法和各国缔约实践所承认。[2] 但是，并不是所有的征收行为都是合法的，不合法的征收会引发国家责任，使得国家承担赔偿的义务。我国的研究认为，西方国家在承认国有化和征收权利的同时，又对这些权利进行了一系列限制，并认为违反了这些限制，征收行为就是违法的，这些限制条件包括：其一，公共目的和法律程序；其二，尊重国际条约和国家契约；其三，支付公正补偿；其四，非歧视。[3]

从条约实践的角度看，以美国 2004 年范本第 6 条"征收与补偿"条款为例，其规定基本与上述四原则保持了一致。

自 NAFTA 施行以来，美国对外缔结的条约中有关征收的内容基本采取了上述结构。其最新的美国 2012BIT 范本相关条款的内容也与 2004 年范本的规定基本一致。其他国家关于征收问题的缔约实践基本上也沿用了美国 BIT 范本的模式。前文提到的《中韩自由贸易区协定》有关征收条款的内容也与此无异。

---

[1] Ibid, 12.

[2] Rudolf Dolzer and Christoph Schreuer, *Principles of International Investment Law*, p. 89; UNCTAD, *Taking of Property*, pp. 1-6; UNCTAD, *Expropriation：UNCTAD Series on Issues in International Investment Agreements II*, p. 1.

[3] 余劲松：《国际投资法》，法律出版社 2007 年版，第 286~290 页。

我国的研究一般认为，西方学者所称"歧视"是不可能避免的，主要原因是在非殖民化运动的背景下，为了摆脱对跨国公司的依赖采取国有化通常都会被理解为带有"歧视"，但这些措施符合自然资源永久主权原则和民族自决原则，因此，只要没有违反国际法，"无歧视"就不能构成限制条件。[1] 由于非殖民化运动已经逐渐成为过去，上述四个标准在国际仲裁实践中也经历了不断的考量和修正，目前关于合法征收的判断标准接受度比较高的依旧是四项，包括：公共目的、非歧视原则、符合正当程序、给予补偿。[2]

1.3.1 公共目的（public purpose）

这一标准本身并不复杂，也不难理解，即征收行为应当是为了公共目的而进行的。但就什么是公共目的的判断标准则比较难以统一。从文意上理解，公共目的要求征收的动机应当是为了合法的福利目标，而不能是单纯的私人利益或非法的目的。各国对征收合法性的公共目的考察基本上都持肯定态度，这体现在我国缔结的 100 多个 BIT 和 FTA 的征收条款中大多都含有"公共目的"（在实际缔约中，我国的条约文本英文多用 public interest，中文有"公共利益""公共目的"等不同的表达形式）例外。在我国目前有效的所有 11 个 FTA 中有 7 个包含有环境保护的"例外"条款，分别是与新西兰（2008 年）、秘鲁（2009 年）、哥斯达黎加（2010 年）、瑞士（2013 年）、冰岛（2013 年）、韩国（2015 年）和澳大利亚（2015 年）签订的。环境保护是公共目的的一个类别，接受环保例外通常也就意味着一定程度上接受了

---

〔1〕 余劲松：《国际投资法》，法律出版社 2007 年版，第 291 页。
〔2〕 UNCTAD, *Taking of Property*, pp. 12-16; UNCTAD, *Expropriation: UNCTAD Series on Issues in International Investment Agreements II*, p. 1.

公共目的例外。在 OECD 发布的报告《国际投资协定中的环境关切》中显示，该报告研究的对象覆盖了 49 个应邀参与"投资过程自由化"圆桌会议的国家，[1] 其中有 30 个在其缔结的至少 1 个 IIA 中使用过环境例外条款。上述数据充分说明了公共目的的考察在各国被接受的广泛程度。

虽然各国对公共目的的标准的接受度很高，但公共目的的标准本身十分宽泛且抽象。在国际实践中，一般都是由东道国对什么是公共目的进行界定，比如欧洲人权法院在 *James v. United Kingdom* 案中曾经指出，欧洲人权法院不干涉一国对于公共利益的自我判断。[2] 也就是说，欧洲人权法院更倾向于尊重一个主权国家在其领土范围内根据具体情况对什么是"公共目的"作出的判断，而不是由司法机构对"公共目的"根据自己的理解重新作出判断。但在个别极端情况下，司法机构才会因为"明显缺少合理的基础"而对主权国家对于"公共目的"的判断作出修改。有一种比较明确的可以被断定为非法征收的行为是东道国出于对投资者母国某些行为的报复而采取的征收行为，一般都会被判定缺少"公共目的"。[3] 其后果是赔偿将不限于投资本身，投资的预期收益也会被计算在赔偿额里。[4]

此外，在国际仲裁实践中，对公共目的的判断标准还是积累了一些经验的。

第一，公共目的需要一定程度的证明。在投资者与东道国之间的纠纷处理中，仲裁庭虽然倾向于尊重东道国对于公共目的的判断，但并不意味着不对东道国的判断加以审视。仲裁庭通常会

---

〔1〕　Supra note 90。

〔2〕　UNCTAD, *Taking of Property*, 16 Notes 3.

〔3〕　Ibid, 13.

〔4〕　Ibid, 16 Notes 4.

要求东道国提供有力的事实证据和法律论证来说明征收行为和其主张的公共目的之间有合理的因果关系。[1] 在 *ADC v. Hungary* 案的裁决中，仲裁庭明确指出，条约中规定的"公共利益"（public interest）要求有真正与公众有关的利益存在，对这一条约义务的满足不能仅因为东道国在征收过程中"声称"有"公共利益"。[2]

第二，公共目的应在征收行为发生时即存在。在 Siag and Vecchi v. Egypt 案中，埃及政府征收了申请人的一块土地，理由是没有按期建设旅游项目，在征收过程中并没有提到任何公共目的。[3] 在该土地被征收 6 年后，埃及政府将其转让给了一家天然气公司建设燃气管道，仲裁庭认为土地虽然最终被用于公共用途，但并不能表示当时的征收行为是为了公共目的。[4]

上述两项仅是仲裁实践中衡量公共目的标准的经验总结，征收想要满足合法性的条件，很重要的一点还是要给予赔偿，这在直接征收中尤为重要。在间接征收的合法性评价中，尤其是近年来因为环境保护问题频发的"管理性征收"的评价中，对于有关管理"措施"的评价是区分一般的间接征收和管理性征收的核心问题，其考虑的因素并非仅公共目的一项，而会综合很多因素来确定管理"措施"的性质，下文会有详述。

1.3.2 非歧视原则

非歧视原则是东道国在实施征收行为时需要注意的另外一项

---

〔1〕 ADC Affiliate Limited and ADC & ADMC Management Limited v. Republic of Hungary, No. ICSID Case No. ARB/03/16（ICSID October 2, 2006）para. 429.

〔2〕 ADC v. Hungary, Award para. 432.

〔3〕 See UNCTAD, *Expropriation: UNCTAD Series on Issues in International Investment Agreements II*, p. 31.

〔4〕 See Ibid, 31.

重要的国际法原则。传统上，非歧视原则与基于国籍或种族的对外国人的区分有关。在征收行为中，如果征收行为的动机是基于种族的，那么该行为就违反了国际强行法中禁止种族歧视的原则，因而是非法的。[1] 正因如此，从另一个角度看，非歧视原则要求征收行为应当是针对广泛领域的一种普遍性措施。

在国际领域，非歧视原则在征收条款中的措辞通用的就是"non-discrimination"，美国 2004 年范本、2012BIT 范本的征收条款和 NAFTA 就是使用的这种表述。

非歧视原则的内在含义里除了上面提到的不能因种族差异而区别对待外，也包含在外国人之间不能有区别对待的措施。

与公共目的标准一样，非歧视原则也是一个宽泛且抽象的原则，缺少明确具体的判断标准，只是在国际仲裁实践中逐渐发展出一些可供参考的判例。一般来讲，如果东道国基于国籍而对投资者在征收行为中予以区别对待，通常会被认定为违反了非歧视原则。但并不是所有的区别对待的做法都构成对非歧视原则的违反。[2] 因此，实践中仲裁庭对征收行为是否违反非歧视原则的论证过程都非常精巧仔细，尤其是在政府采取的措施是合法的环境、劳工等政策的情况下。

征收行为本身并不会因为其针对特定外国投资者而构成对非歧视原则的违反，只有在征收行为发生的原因是基于投资者国籍的时候才有可能构成对非歧视待遇的违反。在 GAMI Investments v. United Mexican States 案中，墨西哥政府征收了由墨西哥公司与外国投资者合资的 GAM 公司旗下的一些糖制品加工厂，征收行为并不是基于投资的性质而是基于糖制品加工厂的财务状况。

---

〔1〕　M. Sornarajah, *The International Law on Foreign Investment*, pp. 36–47.

〔2〕　Newcombe A and Paradell L, *Law and Practice of Investment Treaties*: *Standards of Treatment*, The Hague: Kluwer Law International, 2009, p. 374.

仲裁庭在裁决中否决了外国投资人 GAMI 公司认为墨西哥政府的征收行为违反了非歧视待遇的主张。仲裁庭认为，墨西哥政府的征收行为有合理政策目标（保证制糖工业掌握在财务能力安全的企业手中），其实施过程不存在歧视，且不构成对公平竞争机会的隐形障碍；同时，针对 GAM 的征收行为是由于其作为 GAM 公司投资人的外国人的身份而进行的，申请人 GAMI 公司并没有合理的证明。[1]

在 ADC v. Hungary 案中，仲裁庭明确了"为确定歧视的存在，尤其是在征收行为中，必须存在对不同相对人的不同做法"，[2] 仲裁庭认定，在匈牙利政府被诉的征收行为中，存在对申请人和其他相对人的不同待遇，因此确定该案存在歧视行为。

综上，在是否违反非歧视原则的判断中，区别对待本身并不当然构成对该原则的违反，是否基于投资者的身份而采取不同的对待措施才是衡量是否违反非歧视原则的核心。

1.3.3 正当程序

正当程序要求在国际仲裁和缔约实践中经常出现。在征收问题上，它经常会出现在征收条款关于合法性征收的具体要求里。有观点认为，赔偿应由东道国独立的机构进行评估是正当程序的要求之一。[3] 依据目前 IIAs 的缔约实践，正当程序要求普遍会规定在征收条款里，且有关赔偿的问题一般也会有较为细致的规定。《中韩自由贸易协定》第 12.9 条就规定了类似要求，美国

---

〔1〕 GAMI Investments v. United Mexican States, No. Award (UNCITRAL November 15, 2004) paras. 114-115.

〔2〕 ADC v. Hungary, Award para. 442.

〔3〕 朱学磊："美国管制性征收界定标准之流变——以联邦最高法院判例为中心"，载《研究生法学》2013 年第 5 期。

2012BIT 范本第 6 条也有类似的规定。

总结起来，正当程序要求应该包含至少两个方面的内容：其一，征收应当符合东道国国内已经建立的法律程序以及国际法上有关此问题的基本原则；其二，确保投资者有机会申请独立公正的机构对有关问题进行审查。[1] 因此，在征收缺少法律依据和投资者没有机会进行申诉的情况下，就极有可能构成对正当程序要求的违反。同样是在 Siag and Vecchi v. Egypt 案中，仲裁庭认为埃及政府在与申请人的合同到期之前 7 个月终止了合同，但没有给申请人通知，从而剥夺了申请人在征收的事实结果发生前的合理申诉机会，征收程序存在瑕疵（procedural abuse），[2] 从而违反了正当程序要求。

在 ADC v. Hungary 案的仲裁裁决中，仲裁庭明确了正当程序要求在征收行为下包括：保证外国投资者对已经发生的征收行为或即将发生的征收行为要求复审的法律程序；投资者能够利用一些基本的法律程序保护，如合理期限之前的通知、公正的听证、公正的、无歧视的第三方对争议问题的评估。[3] 总而言之，法律程序的意义必须是使投资者能够在合理的时间内、有合理的机会主张其合法权益并使其申诉可以被接受，[4] 否则正当程序要求就没有被满足。

需要指出的是，征收行为下的正当程序要求与违反正当程序即构成对公平公正待遇、全面保护与安全待遇等待遇标准的违反中的"正当程序"并不相同。在去殖民化时期出现的大规模的

---

〔1〕　UNCTAD, *Expropriation*：*UNCTAD Series on Issues in International Investment Agreements II*，p. 36.

〔2〕　See Ibid, 39

〔3〕　ADC v. Hungary, Award para. 435.

〔4〕　Ibid, para. 435.

国有化情况下，国家经常拒绝对赔偿问题进行司法审查，[1] 后来这种拒绝司法（denial of justice）的情况经常被与正当程序联系起来，但这里的正当程序和征收行为下的正当程序要求不是一个概念。[2]

1.3.4 赔偿

征收行为涉及的国际法概念中争议最大的一个问题应该就是赔偿的标准，其理论上争论的核心是以美国前国务卿赫尔提出的"赫尔原则"为支撑的"全面赔偿"（full compensation）原则与发展中国家提出的"适当赔偿"（appropriate compensation）[3]原则的冲突。同时，由于在学术讨论和实践中，是否给予赔偿经常会和征收行为的合法性联系在一起，因此赔偿问题在征收行为中就显得尤为突出。

赫尔原则的缘起在本章第一节中已有论及，其主张的核心内容就是征收的赔偿应当满足"及时、充分、有效"三个标准，且不区分征收本身是否合法。[4] 赫尔原则常被欧洲和美洲的资本输出国援引作为全面赔偿的具体判断标准。造成这一现状的原因之一是赞同赫尔原则和全面赔偿的声音主要来自欧洲和美洲，偶尔有不同的观点也很难引起重视。[5] 然而，随着去殖民化运动的兴起和发展中国家声音的不断壮大，全面赔偿和赫尔原则已

---

〔1〕 UNCTAD, *Taking of Property*, p. 16.

〔2〕 M. Sornarajah, *The International Law on Foreign Investment*, p. 358.

〔3〕 appropriate compensation 曾被译作"合理赔偿""适当赔偿""适当补偿"等中文表述，目前使用较多的是将 appropriate 译作"适当"，如余劲松：《国际投资法》，法律出版社 2007 年版，第 301 页；陈正健、陈明元："论国际最低待遇标准争议的实质"，载《山东工会论坛》2015 第 3 期，本节采用将 appropriate 译作"适当"的译法，但倾向于将 compensation 统一译作"赔偿"。

〔4〕 M. Sornarajah, *The International Law on Foreign Investment*, p. 414 note 2.

〔5〕 Ibid, 413.

经不再是过去一统天下的理论和实践标准。即使目前以美国为代表的发达国家官方的态度依旧是赫尔原则下的全面赔偿，其学术界也已经出现了诸多不同的声音。[1]

赫尔原则中的"及时"意指赔偿的支付不能有任何迟延；"充分"意指赔偿的数额应与投资的市场价值有合理的关系；"有效"意指赔偿支付的应当是可以自由兑换和使用的货币。[2]赫尔原则提出之初，并没有将赔偿与征收行为本身的法律性质联系起来，只是在赫尔与墨西哥政府的通信中提出合法的征收行为应该伴有赔偿，但并没有将是否有赔偿作为判断征收行为合法性的前提条件。[3]传统上认为，没有赔偿的征收是非法的，[4]而随着经济、社会和政府治理手段的发展，出于合理的动机造成的某些征收，如环境法规的调整等，本身即是合法的，其判断标准中并不一定带有是否给予赔偿这个因素。实践中，如果东道国国内立法区分了合法征收和不合法的征收，在赔偿问题上通常也会作出相应的区分。但有研究表明，在仲裁实践中，即使有合法征收和非法征收的区分，赔偿标准也很难在区别上进行具体澄清。[5]一个比较清晰的结论是，无论从缔约实践还是从国际司法实践的角度，全面赔偿以及赫尔原则都不能构成习惯国际法[6]。

适当赔偿原则产生于 20 世纪 60 年代前后，并在 60 年代和

---

〔1〕 Ibid, 414.

〔2〕 UNCTAD, *Expropriation: UNCTAD Series on Issues in International Investment Agreements II*, p. 40.

〔3〕 M. Sornarajah, *The International Law on Foreign Investment*, p. 414.

〔4〕 Ibid, 435.

〔5〕 Ibid, 414–15.

〔6〕 Ibid, 415–43.

70 年代经历了广泛的讨论。[1] 适当赔偿原则的确立与《关于天然资源之永久主权宣言》有直接关系。1962 年，联合国大会通过了该宣言，明确了"适当赔偿"的原则作为征收补偿的原则，同时突出了适当赔偿应当是以"国际法"为依据的。[2] 以"适当"替代"全面"，同时强调赔偿应当依据国际法来作出，体现了发达国家和发展中国家在联合国大会讨论中作出的妥协，因此《宣言》得到了发达国家和发展中国家的一致赞同，而以国际法为依据的"适当赔偿"原则也被学者认为可以当作"习惯国际法"[3]。1974 年联合国大会通过的《各国经济权利和义务宪章》重提了适当赔偿原则，但没有再次强调赔偿的确定应当依据国际法，后续类似问题的决议同样忽略了 1962 年决议中发达国家和发展中国家的妥协。正因如此，后续的一系列决议并没有得到资本输出国的赞成。由于联合国大会决议并不当然具有造法功能，适当赔偿原则是否可以作为习惯国际法的问题一直没有统一的答案。从《关于天然资源之永久主权宣言》到后续相关诸多联合国大会决议，很明显适当赔偿原则本身被大多数国家所接受，即使不能确定其是习惯国际法，但这种接受可以作为其是"应然法"（lex ferenda）的最好证明。[4]

国内研究多认为全面赔偿和适当赔偿两个原则代表了发达国家和发展中国家、资本输出国和资本输入国这种相互对立的两个集团的相互对立的诉求，适当赔偿原则更能体现发展中国家和国

---

[1] UNCTAD, Expropriation：*UNCTAD Series on Issues in International Investment Agreements* II, p. 41.

[2] M. Sornarajah, *The International Law on Foreign Investment*, p. 445.

[3] UNCTAD, *Expropriation*：*UNCTAD Series on Issues in International Investment Agreements* II, p. 41.

[4] M. Sornarajah, *The International Law on Foreign Investment*, p. 446.

际社会的主流趋势，更能体现公平、公正的国际法原则。

实际上，赔偿数额的具体计算另有一套单独的体系。实践中，适当赔偿原则更像是一个弹性很大的标准，适用该原则而产生的赔偿数额有可能覆盖了从全面赔偿、预期利润赔偿到不予赔偿的全部范围。[1] 适当赔偿原则的提出，是发展中国家建立国际经济新秩序的不懈努力和正义追求。虽然赔偿数额具体计算的标准仍然是国际法发展中的一个未定课题，但适当赔偿原则发展过程中体现的对于公平、正义的追求是根植于国际法理念之中的。可以肯定的是，针对征收行为的任何赔偿都应符合客观的公平、正义的标准。

关于赔偿另一个需要澄清的问题是，是否一项满足了其他三个标准的征收行为可能因为没有赔偿而成为非法征收，还是由于没有获得赔偿，投资者仅因此取得索赔的权利？

早期确有观点认为是否支付赔偿是决定征收行为是否合法的关键因素之一。到目前为止，是否给予赔偿在判断直接征收行为的合法性上依然是决定因素之一。[2] 但对于间接征收行为，赔偿是一个争议在仲裁或司法过程中解决的补偿问题，尤其是在面对管理性征收的情况下，仲裁庭通常需要先对政府的管理措施进行评价，确定征收行为是否存在。在这个过程中，赔偿问题并不会涉及。因此，一个比较合理的观点是，赔偿是决定间接征收合法性的附加条件（sub modo），支付适当赔偿的征收行为是合法

---

〔1〕　Ibid, 446.

〔2〕　Jorge E. Viñuales, *Foreign Investment and the Environment in International Law*, p. 294、296; M. Sornarajah, *The International Law on Foreign Investment*, pp. 414–416; UNCTAD, *Expropriation: UNCTAD Series on Issues in International Investment Agreements* II, p. 44.

的，而征收行为可能因为未能满足其他条件而成为非法征收。[1] UNCTAD 更进一步得出结论，征收行为因满足国际法为其设定的要求而成为一个国家的合法行为，赔偿则是上述国家在合法地行使其主权后产生的支付义务。[2]

第二节　环境保护对征收合法性判断标准的影响

由环境问题导致征收的，一般情况下都是由东道国调整环境有关的立法从而对投资者产生影响而导致的。从征收的分类上讲，这种征收属于间接征收中的管理性征收（regulatory expropriation）。管理性征收近年来大量出现并被广泛讨论有其本身内在的社会及经济原因。

第一，国际环境条约确立了污染者付费的原则，给缔约国调整国内立法确立了国际法上的依据；同时国际环境条约对缔约国施加的义务越来越明确，国内立法的调整有一些也是为了履行国际环境条约所赋予的义务。《里约环境与发展宣言》明确了污染者付费和社会成本内部化（包括环境成本）的原则。越来越多的研究认为，吸引外资的愿望、环境保护的强烈需求和对外资更为开放的市场动力之间的平衡最终可能导致缺乏社会成本内部化能力的市场逐渐失去吸引力。[3] 因为，为了保持国内市场的吸引力，改变环保标准的国内立法是各国使用的政策之一。另外，一些规范具体领域的条约有可能直接影响缔约国国内的立法和相

---

〔1〕　UNCTAD, *Expropriation: UNCTAD Series on Issues in International Investment Agreements* II, p. 44.

〔2〕　Ibid, 44.

〔3〕　Markus Wagner, "Regulatory Space in International Trade Law and International Investment Law", *University of Pennsylvania Journal of International Law*, 36（2015 2014）, 1.

关企业的生存。如《关于持久性有机污染的斯德哥尔摩公约》，该公约对其项下所列有机污染物依据类别进行管理，包括生产、排放、回收、再利用、储存等环节均有详细的规范，其每隔一段时间就会对公约附件所规定的有机污染物类别进行新增。新增后，缔约国即有义务按照公约要求对新增污染物的生产、排放等环节进行管理，所涉企业也会因此受到影响。再比如《关于汞的水俣公约》，该公约旨在保护人类健康和环境免受汞及其化合物人为排放和释放的危害，设置了对汞生产、使用、流通及处置的相关义务，对添汞产品、用汞工艺、汞的排放和水土释放等均进行了限制，从汞的全生命周期对缔约国提出了管理要求。依据《我国批准〈关于汞的水俣公约〉经济社会影响分析报告》披露，公约的适用虽有利于促进我国产业结构的调整和国际贸易竞争能力，但会造成相关企业限产、停产甚至转型。从法律意义上讲，这种限制、停产和转型已经可以构成管理性征收了。

第二，从微观视角看，跨国公司越来越注意有关环境问题的关切。近年来，耐克、阿迪达斯等跨国企业在华工厂的逐渐外迁，不能不说环境政策的压力是原因之一。此外，随着环境导致的管理性征收的不断增多，跨国公司与东道国之间有关此类问题的仲裁也越来越多。这类案件通常都是由于投资者的申请而导致东道国政府出于维护公民和社会的整体利益而进行的立法接受国际司法的审查。[1]

第三，20世纪70年代前后，发展中国家为反殖民化运动和建立国际经济新秩序在国际关系中十分突出主权原则。随着全球化的发展和吸引外资的必要，以及IIAs的完善，国家主权在贸

---

[1]　Thomas Waelde and Abba Kolo, "Environmental Regulation, Investment Protection and Regulatory Taking in International Law", *International and Comparative Law Quarterly*, 50（2001）, 811.

易和投资领域的行使范围被不断地限制，而行使的条件也逐渐严苛。随着环境问题的兴起，环境保护成为环保主义者、贸易保护主义者批评贸易与投资自由化的新理由。由于"环境保护"的理由占据了天然的道德制高点，从而为上述环保主义者、贸易保护主义者等提供了十分方便的平台，从环境保护、人权、国家主权原则等角度对全球经济的发展进行批判。[1]

在上述背景下，国家出于解决环境问题的诱因和履行条约义务的要求以及可能存在的贸易和投资保护主义，投资者出于对个人财产和投资利润保护的现实需求，国际仲裁机构出于扩大管辖权范围、平衡国家与投资者之间权利义务以及推动国际法相关原则发展的冲动，三者结合在一起，客观上对征收合法性判断标准的发展作出了实际贡献。

对于管理性措施是否构成征收的判断标准应该考虑的因素，学术研究中有各种总结，并随时间和仲裁实践的发展，逐渐有所发展。Wagner 主张，应当考虑"政府行为的性质"（the nature of the governmental action）、"经济影响的严重程度"（the severity of the economic impact）和"投资的合理预期"（reasonable investment-backed expectations）。[2] Thomas Waeled 和 Abba Kolo 指出，对征收问题的判断中还应考虑比例原则（proportionality）和非歧视待遇。[3] Rahim Moloo 指出，应当考虑管理性措施的效果

---

〔1〕　Waelde and Kolo.

〔2〕　J. Martin Wagner, "*International Investment, Expropriation and Environmental Protection*", Golden Gate University Law Review, 29（1999），465.

〔3〕　Waelde and Kolo, "*Environmental Regulation, Investment Protection and Regulatory Taking in International Law*".

（effect）、措施的性质和目的以及上述两者之间的关系。[1] Jorge 认为对于一般性环境法规是否构成征收应当综合考虑对财产的影响程度、政府管理权的行使、管理性措施与目的之间的关系以及管理性措施对政府特别许诺的影响。[2] Markus Wagner 认为对于管理性征收的判断应当综合考虑非歧视原则、管理性措施对于财产权的影响、管理性措施的目的、比例原则、对投资者合理预期的影响等因素。[3] 综合上述观点和有关案例，本文认为，管理性措施是否构成征收的判断应当考虑：管理性措施的性质与目的、管理性措施的影响程度、管理性措施的目的与影响程度之间的关系（比例原则）三个方面。

2.1 管理性措施的性质与目的

管理性措施的性质指的是其是否是一个善意的（bona fide）措施；目的指的是其寻求的是否是合法的公共政策目标。[4] 管理性征收最早是一个国内法的概念。以美国为例，通常认为最早论证过管理性征收界定标准的案件是 1922 年美国最高法院判决的 Pennsylvania Coal Co. v. Mahon 案。[5] 该案被认为是管理性

---

〔1〕 Rahim Moloo and Justin Jacinto, "Environmental and Health Regulation: Assessing Liability under Investment Treaties", *Berkeley Journal of International Law*, 29 (2011), 1.

〔2〕 Jorge E. Vinuales, *Foreign Investment and the Environment in International Law*, pp. 293–315.

〔3〕 Wagner, "Regulatory Space in International Trade Law and International Investment Law".

〔4〕 UNCTAD, *Expropriation: UNCTAD Series on Issues in International Investment Agreements* II, p. 78.

〔5〕 Pennsylvania Coal Co. v. Mahon.

征收在美国的奠基之作。[1] 在该案中，美国最高法院第一次确认了"管理性征收"（判决中使用的是 regulatory taking）的含义。判决认为，"尽管私人财产在一定程度上可以被政府的管理措施影响，但如果这种管理走得太远将会被认定为征收"。[2] 判决虽然指出了管理性措施被确定为征收的可能性，但并没有给出明确的标准，尤其是"走得太远"的说法过于模糊。不过法庭还是明确了一件事，对于一项管理性措施是否构成征收的判断需要根据不同情况进行个案分析。[3] 该案确定的第一个分析因素就是政府管理性措施的性质。

Mahon 的判决认为，如果政府的管理性措施"物理上侵入或永久性征收"了当事人的财产，则需要进行补偿，无论其"影响有多小，或背后的公共利益有多重要"。[4]

此外，政府的管理性措施需要"实质性促进合法利益"。美国法院通过判例逐步确认的合法利益包括但不限于：限制建筑规模、濒危动植物种产品交易、农药使用、强制对病树进行处理以保护本地植物、限制煤矿开采行为等，其目的是保护环境和人类健康和生命。[5]

虽然 Mahon 案和后续案件要求政府的管理性措施要"实质性促进合法利益"，但从此后国际仲裁案件的发展和学术总结中

---

〔1〕 Raymond R. Coletta, "Measuring Stick of Regulatory Takings: A Biological and Cultural Analysis, The", *University of Pennsylvania Journal of Constitutional Law*, 1（1999 1998），0；Wagner, "International Investment, Expropriation and Environmental Protection".

〔2〕 "while property may be regulated to a certain extent, if regulation goes too far it will be recognized as a taking". See Wagner, "International Investment, Expropriation and Environmental Protection".

〔3〕 Ibid.

〔4〕 See Ibid.

〔5〕 See Ibid.

可以发现，为了判断管理性措施是否构成征收，其目的和性质也成了重要的因素之一。一般情况下"善意"（bona fide）的管理性措施极少构成征收。[1]　例如，通常会认为如果管理性措施"可以被证实其实施是政府为了履行其保护公共卫生、安全、公序良俗、社会福利所必须履行的职责"，就不会被认定为征收。[2]　在 S. D. Myers 案中，仲裁庭认为，在类似案件中为了确认征收是否存在，"必须考虑政府措施的目的（purpose）、效果和涉及的真正利益"。[3]　原因是，新政府上台可能调整政策的优先顺序，新的科学发现需要新的管理性措施去对抗以前的未知风险，或者社会的发展导致更倾向于保护环境或者其他社会关切，这些原因都会导致利益关注点的变化，[4]　从而导致政策措施的调整。正如 Ian Brownlie 教授所说，"善意的管理性措施对于公共利益非常重要，因此如果要向受这些措施影响的投资人支付赔偿显然是不合适的"。[5]

从缔约实践看，包括 WTO、NAFTA 在内的许多多边条约和我国缔结的 IIAs 的一般例外条款，目的都在于从管理性措施性质的角度排除构成间接征收的可能。尽管上述案例和学说不能表明管理性措施的性质和目的是判断是否构成征收的决定性因素，但从中可以确定的是，如果一项管理性措施是善意的，且政府管理权的行使是合法的，那么仲裁庭会更倾向于确定不需要支付

---

〔1〕　Moloo and Jacinto, "Environmental and Health Regulation".

〔2〕　Ibid.

〔3〕　S. D. Myers Inc. v. Canada, Partial Award NAFTA（UNCITRAL）para. 285.

〔4〕　Markus Wagner, "Taking Interdependence Seriously: The Need for a Reassessment of the Precautionary Principle in International Trade Law", *Cardozo Journal of International and Comparative Law*, 2: （2012 2011）, 713.

〔5〕　See Moloo and Jacinto, "Environmental and Health Regulation".

赔偿。[1]

2.2 管理性措施的影响程度

一项管理性措施的影响毋庸置疑的是评价是否构成的非常重要的因素。UNCTAD 对此的看法是，"一项措施即使没有物理性的征收发生，但其在效果上导致了外国投资者对其资产管理权、使用权或控制权的丧失，或者其资产价值的重大贬值，同样可能被认定为征收"。[2]

2.2.1 "单一效果"理论的淘汰

但是，是否对财产的剥夺本身即可构成间接征收呢？"单一效果"理论在评价是否构成间接征收的过程中只考虑实际效果而不考虑其他任何因素。NAFTA 项下产生的仲裁案件中明确使用过这一标准的是 Metalclad 案。[3] 该案所涉实质问题是，墨西哥制定的环境保护法规影响了 Metalclad 公司的垃圾填埋场，阻碍了投资的进一步运作，仲裁庭需要确定该环保法规的实施是否构成征收。在裁决中，仲裁庭认为该法规的实施"构成了对 Metalclad 公司投资的间接征收且没有支付赔偿"，[4] 理由是"该法令的实际效果是永久禁止了垃圾填埋场的运营"。[5] 该案仲裁庭对征收的界定仅考虑了法规执行的"效果"，仲裁庭进一步指出，"考虑到该法规本身即可构成征收"，[6] "没有必要再考虑

---

[1] Ibid.

[2] UNCTAD, *Taking of Property*, p. 4.

[3] Metalclad Corporation v. United Mexican States, Award.

[4] Ibid para. 112.

[5] Ibid para. 109.

[6] Ibid para. 103.

该法规实施的动机和意图”。[1] “单一效果”理论也曾在美国和伊朗之间的一系列仲裁案件中被接受和使用过。但是，该理论并没有在仲裁实践中形成共识。

在同样 NAFTA 项下产生的 S. D. Myers 案中，仲裁庭则认为，“以往的先例一般不认为管理性措施构成征收”，[2] 在确定是否构成征收的过程中需要考虑“政府措施的目的（purpose）、效果和涉及的真正利益”。[3] 该案裁决中的态度明显对 Metalclad 案中仲裁庭采用的“单一效果”理论持否定态度。实践中，早期其他的一些案件也并不承认“单一效果”理论，而是主张综合分析管理性措施的内容、目的等一系列因素，[4] 如 1934 年的 Oscar Chinn 案使用的就是这种分析方法。[5] 同样有学者著作对“单一效果”理论持否定态度，[6] UNCTAD 则更直接地主张“单一效果”理论应当被否定，并列举印度与哥伦比亚的双边投资协定和东盟投资协议附件 2 中的有关规定证明在国际缔约实践中，以约文的形式明确排除“单一效果”理论作为判断征收是否存在的依据，[7] 并得出结论，“财产剥夺的实际效果在判断是否存在征收时是重要且必要的条件，但不是充分条件”。[8]

---

〔1〕 Ibid para. 111.

〔2〕 S. D. Myers Inc. v. Canada, Partial Award NAFTA（UNCITRAL）para. 281.

〔3〕 Ibid, para. 285.

〔4〕 Rudolf Dolzer and Christoph Schreuer, *Principles of International Investment Law*, p. 104.

〔5〕 Oscar Chinn Case（UK v. Belgium）, No. Series A/B, No. 63（1934）（PCIJ December 12, 1934）.

〔6〕 Wagner, "Regulatory Space in International Trade Law and International Investment Law"; Moloo and Jacinto, "Environmental and Health Regulation"; 刘俊霞：“东道国的环境措施对征收的抗辩”，载《现代法学》2015 年第 2 期。

〔7〕 UNCTAD, *Expropriation*: *UNCTAD Series on Issues in International Investment Agreements* II, pp. 71-73.

〔8〕 Ibid, 63.

2.2.2 管理性措施的影响程度中应当考虑的因素

管理性措施的影响程度在判断该措施对投资者的影响是否构成征收的因素里是争议最多的一个。[1] 从风险的角度看，任何投资都会有风险，因此并不是所有对于投资的影响都可以被当作投资争端的理由，投资者应当将某些影响当作正常的商业风险。[2] 国际常设法院（PCIJ）在 1934 年 Oscar Chinn 案的判决中就指出了商业风险的问题。该案判决认为，有利的商业条件和善意会由于不可避免的改变而出现变化，没有任何企业可以摆脱由于一般性经济条件变化而导致的损害。[3] 判决所指的改变显然包括了由于管理性措施的调整而带来的改变。但从投资者的角度讲，过重的管理负担在没有适当补偿的情况下确有可能导致投资者的资产实际价值的缩水甚至丧失，而这种缩水和丧失又不伴随所有权的变更，更难判断和举证。因此的确需要一种适当的平衡来区分正常的商业风险和管理性措施造成的征收。本文认为，在寻求这种平衡的过程中至少有以下几个因素需要考虑：首先，对投资的控制；其次，资产贬值的程度；最后，管理性措施的存续期间。

2.2.2.1 对投资的控制

由于间接征收的发生通常都不会出现所有权的转移，因此管理性征收很多时候都会出现投资者依然对投资拥有控制权但投资

---

〔1〕 Waelde and Kolo, "Environmental Regulation, Investment Protection and Regulatory Taking in International Law".

〔2〕 See Wagner, "Regulatory Space in International Trade Law and International Investment Law".

〔3〕 United Nations, Summaries of Judgments, Advisory Opinions and Orders of the Permanent Court of International Justice, Sales No. E. 12. V. 18, ST/LEG/SER. F/1/Add. 4, New York: United Nations Publication, 2012, 340-48; Oscar Chinn Case (UK v. Belgium) para. 27.

本身在经济上已经失去了生存能力的情况。换句话说，整个投资依然存在，但决定其盈利的重要权利丧失了。[1]

在 Pop & Talbot v. Canada 案中，仲裁庭列举了一系列不当干预商业运营的例子。例如，干涉投资的日常运作、扣留企业雇员及管理人员或对其工作进行监控、占有公司的销售利润、干涉管理或股东行为、阻止公司向股东分红以及干预公司董事会或管理层的提名等。[2] 当然，上述列举并不是考虑是否构成干预企业控制权必须分析的因素，在这个问题上只能根据案件的客观情况进行个案分析。投资者以控制权受到影响而主张征收的案例有很多，被仲裁庭支持和否定的都有，原则上如果一份有价值的投资从投资者的角度已经无法使用或处置，构成间接征收的可能性就比较大。

2.2.2.2 资产贬值的程度

前文谈到过，"单一效果"学说已经逐渐不被学者和仲裁庭的实践所接受，但是管理性措施对于投资价值的实际影响依然是判断是否存在间接征收的一个非常重要的因素。一般认为，资产贬值的程度应当达到"全部或接近全部"（total or close to total）。[3]

资产贬值的程度是在判断间接征收是否存在的过程中相对最为直观的一个因素，在实践过程中很多案件都将其作为判断因素

---

〔1〕 Rudolf Dolzer and Christoph Schreuer, *Principles of International Investment Law*, p. 106.

〔2〕 See UNCTAD, *Expropriation：UNCTAD Series on Issues in International Investment Agreements* II, p. 68.

〔3〕 Wagner, "Regulatory Space in International Trade Law and International Investment Law"; UNCTAD, *Expropriation：UNCTAD Series on Issues in International Investment Agreements* II, p. 65.

之一。在 LG&E v. Argentina[1] 案中，仲裁庭清楚地指出，资产贬值是否达到全部或接近全部是判断可否给予赔偿的重要因素，"在许多仲裁庭的裁决中，由于投资在经济价值上受影响的程度没有达到全部或接近全部的状态，赔偿申请都被否决了"。[2]另一个近期比较有代表性的案例是 Glaims Gold v. United States 案。[3] 该案当事人称，美国政府为了保护当地人的土地，通过联邦和州的管理性措施妨碍了他在加利福尼亚州东南部开采金矿的权利，构成了间接征收。由于该案没有涉及所有权转移，因此仲裁庭认为案件焦点是采矿权是否失去了经济价值。仲裁庭最终确认，申请人的开采项目（Imperial Project）在政府颁布管理性措施后的价值依旧超过 2000 万美元，[4] 并未完全失去其价值。仲裁庭认为，"分析征收是否存在的第一个要素就没有满足：被诉管理性措施对于投资者的 Imperial Project 项目并没有造成充分的经济影响从而构成征收"。[5]

2.2.2.3 管理性措施的存续期间

另一个需要考虑的因素就是政府管理性措施的存续期间。管理性措施的存续期间会对投资人的利益造成直接影响，因此是判

---

〔1〕 LG&E Energy Corp., LG&E Capital Corp. and LG&E International Inc. v. Argentine Republic, No. ICSID Case No. ARB/02/1（ICSID October 3, 2006）.

〔2〕 LG&E Energy Corp., LG&E Capital Corp. and LG&E International Inc. v. Argentine Republic, Decision on Liability para. 191.

〔3〕 Glamis Gold. Ltd. v. United States of America（UNCITRAL Arbitration（NAFTA）June 8, 2009）.

〔4〕 Margaret Clare Ryan, "Glamis Gold, Ltd. v. the United States and the Fair and Equitable Treatment Standard", *McGill Law Journal*, 56（2011 2010）, 919.

〔5〕 Glamis Gold. Ltd. v. United States of America, Award para. 536.

断征收是否发生的一个重要因素。[1] 一般情况下，如果一项管理性措施仅是暂时地影响投资者资产的价值或对资产的管理控制，通常是不会被认定为征收的。[2] 在 Tecmed v. Mexico 案中，仲裁庭认为，"如果政府的措施是不可逆转或永久性的，无论其是否是管理性措施，都将构成间接的事实征收"。[3] 在 S. D. Myers 案中，仲裁庭同样也考虑了管理性措施的存续期间，强调"征收通常意味着长时间持续地剥夺所有者行使其经济权利的能力"。[4] 在该案中，虽然仲裁庭最终确认加拿大政府的管理性措施违反了国民待遇和公平公正待遇，但依然还是以该措施是"临时性的"驳回了申请人关于征收的诉求。

2.3 管理性措施的目的与影响程度之间的关系（比例原则）

在管理措施的目的和影响程度之间进行平衡无疑需要进行个案分析。比例原则并非一开始就出现在国际投资仲裁案件中，在很长的时间里，对于投资者与东道国之间的仲裁来说它都是一个陌生的问题。但 ICSID 的三个先后的裁决改变了这种状况，将由欧洲人权法院在其判决中使用的比例原则引入了间接征收的判断

〔1〕 G. C. Christie, "What Constitutes a Taking of Property under International Law", *British Year Book of International Law*, 38（1962），307, J. Martin Wagner, "International Investment, Expropriation and Environmental Protection", *Golden Gate University Law Review*, 29（1999），465; UNCTAD, *Expropriation: UNCTAD Series on Issues in International Investment Agreements* II, UNCTAD/DIAE/IA/2011/7, New York and Geneva: United Nations Publication, 2012.

〔2〕 Rudolf Dolzer and Christoph Schreuer, *Principles of International Investment Law*, p. 113; UNCTAD, *Expropriation: UNCTAD Series on Issues in International Investment Agreements* II, p. 69

〔3〕 Tecmed v. Mexico, Award para. 116.

〔4〕 S. D. Myers Inc. v. Canada, Partial Award NAFTA（UNCITRAL）para. 283.

标准中。这三个案件分别是 S. D. Myers 案、Feldman 案和 Tecmed 案,[1] 它们引入的比例原则是欧洲人权法院在 James v. United kingdom 案[2] 中使用的。被引用的 James v. United Kingdom 案的判决的主要内容是"一项剥夺他人财产的措施不仅仅应当在事实上和原则上符合合法的'公共利益',而且采取的措施和要实现的目的之间必须存在一种合理的比例关系……如果利害关系人需要承担'个人的、过重的负担',这种精妙的平衡则不可能实现……法庭认为一项措施应当符合实现其目的的需要,同时又符合比例"。[3]

上述判决内容确定的一个原则就是在分析管理性措施是否构成征收时,除了措施本身目的的合法性外,还需要考虑其手段与利害关系人所有权受影响的程度。[4] S. D. Myers 案的裁决在国民待遇部分引入了比例原则。该案裁决中认为,在判断政府的措

---

〔1〕 S. D. Myers Inc. v. Canada, Partial Award NAFTA (UNCITRAL); Marvin Roy Feldman Karpa v. United Mexican States, No. ICSID Case No. ARB (AF) /99/1 (ICSID December 16, 2002); Tecmed v. Mexico, Award; Wagner, "Regulatory Space in International Trade Law and International Investment Law"; Moloo and Jacinto, "Environmental and Health Regulation"; Abba Kolo, "Investor Protection vs Host State Regulatory Autonomy during Economic Crisis: Treatment of Capital Transfers and Restrictions under Modern Investment Treaties", *Journal of World Investment & Trade*, 8 (2007), 457.

〔2〕 James and Others v. United Kingdom, No. App. No. 8793/79 (Eur. Ct. H. R. 1986).

〔3〕 James and Others v. United Kingdom, No. App. No. 8793/79 (Eur. Ct. H. R. 1986); Helene Ruiz Fabri, "Approach Taken by the European Court of Human Rights to the Assessment of Compensation for Regulatory Expropriations of the Property of Foreign Investors, The", *New York University Environmental Law Journal*, 11 (2003 2002), 148; Helen Mountfield, "Regulatory Expropriations in Europe: The Approach of the European Court of Human Rights", *New York University Environmental Law Journal*, 11 (2003 2002), 136.

〔4〕 LG&E Energy Corp., LG&E Capital Corp. and LG&E International Inc. v. Argentine Republic, Decision on Liability para. 189.

施是否违反了国民待遇的时候应当考虑两项因素，其中一项是"该措施的实际效果是否导致本国国民获得相对于外国国民不合比例的利益"。[1] Tecmed 案将比例原则的应用做了进一步发挥，明确了前述平衡的必要性，为后续许多投资仲裁案件援引。[2]

在 Tecmed 案中，仲裁庭认为，即使是一项为了合法公共目的而非歧视地实施的管理性措施依然有可能构成间接征收，并需要政府支付赔偿。仲裁庭的观点是"在决定一项措施是否构成征收时，应当考虑所采取的措施需要保护的公共利益与法律上承诺保护的投资之间是否符合比例，在决定是否符合比例时，对投资的影响程度有决定性的作用……任何一项征收措施在对投资者施加的负担和所寻求实现的目标之间都应该有一种合理的关系"。[3]

在 LG&E Energy v. Argentina 案中，仲裁庭接受了 Tecmed 案的论证方式，主张在确定东道国一项管理性措施是否构成征收时，仲裁庭应当平衡两种互相冲突的利益，即"管理性措施对所有权的干预程度"和"东道国采取措施的权力"。[4] 仲裁庭进一步解释"干预程度"问题时认为，评价干预程度应当考虑两个因素，一个是管理性措施的经济影响，另外一个是该措施的存续期间，[5] 除上述两个因素外，仲裁庭还强调了"影响"应该是"实质性的"（substantial），[6] 这就回到了前文讨论过的贬值程

---

〔1〕 S. D. Myers Inc. v. Canada, Partial Award NAFTA（UNCITRAL）para. 252.

〔2〕 Moloo and Jacinto, "Environmental and Health Regulation".

〔3〕 Tecmed v. Mexico, Award para. 122.

〔4〕 LG&E Energy Corp., LG&E Capital Corp. and LG&E International Inc. v. Argentine Republic, Decision on Liability para. 189; also See Moloo and Jacinto, "Environmental and Health Regulation".

〔5〕 Tecmed v. Mexico, Award para. 190.

〔6〕 Ibid, 191.

度和措施存续期间的问题。

随着社会与法律的发展，出于公共目的的政府管理性措施不可避免地会影响到私人财产的使用，尤其是出于环境保护动机的管理性措施对私人财产和外国投资的限制可能更加直接。即使这些限制措施是出于合法的公共目的，且公平公正、非歧视地实施，也并不意味着由个人承担措施实施后带来的公共利益的全部成本。这种成本理应作为一种社会成本来分摊。因此，在决定是否构成间接征收并支付赔偿前，平衡措施造成的影响和其预期实现的目的是非常必要的，这应该也是仲裁实践中引入比例原则的核心原因。

小结

如前文所述，征收可以分为直接征收和间接征收，随着经济、社会和法治的发展，直接征收的发生已经越来越少，而由法律法规和政策措施的调整所导致的"管理性征收"则越来越多。一个典型的例子是阿根廷政府为了应对 1999 年~2002 年的经济危机，对其国内政策作出了一系列调整，包括外汇政策，引起了大量企业的不满，认为阿根廷政府的政策调整构成了管理性征收。随后，大量投资者针对阿根廷政府申请了国际仲裁。据统计，阿根廷为此大约需要面对近 40 起国际仲裁，[1] 所涉及的索赔总额超过 800 亿美元。[2] 这些仲裁案件和索赔对阿根廷的经济构成了又一次打击。在 NAFTA 项下，环境法规和政策调整也

---

〔1〕 William W. Burke-White, "Argentine Financial Crisis: State Liability under BITs and the Legitimacy of the ICSID System, The", *Asian Journal of WTO and International Health Law and Policy*, 3 (2008), 199.

〔2〕 Burke-White; José E Alvarez, *The Public International Law Regime Governing Internatinoal Investment*, Pocketbooks of The Hague Academy of International Law, Maubeuge France: Printed by Triangle Bleu, 2011, p. 248.

产生了众多与管理性征收有关联的国际仲裁案件。这些案件的裁决相互影响，相互印证，推动了管理性征收判断标准的进一步明确和细化，在原来缔约实践认可了的公共目的、非歧视、正当程序和适当赔偿的四项标准的基础上，对管理性措施的性质与目的、管理性措施产生的经济影响、对资产控制权的影响和手段与结果之间的平衡（比例原则）作了进一步的分析，并接受上述因素为判断是否构成管理性征收的判断标准，进一步完善了国际仲裁中征收问题判断的一般原则。有关国际缔约实践也根据上述发展对约文的内容作出了相应的调整。

第五章　环境保护对公平公正待遇的影响

公平公正待遇是国际投资法领域一项十分重要的法律原则，其解释适用一直是国际投资仲裁关注的焦点之一。对公平公正待遇适用的探讨涉及公平公正待遇本身是否构成习惯国际法的一项原则，以及公平公正待遇与最低标准待遇（MST）两个待遇的判断标准是否一致。经历了一系列发展演变，国际上形成了关于两者关系的各种学说，并形成了对于判断是否构成违反公平公正待遇的一套相对稳定的标准。然而，近年来随着有关环境保护案件的逐年增多，国际仲裁机构在有关案件处理过程中对上述标准的适用作出了新的探索和总结，公平公正待遇与最低标准待遇之间的关系也有了一些新的发展。

"待遇"这个词本身是一个范围不确定的概念，其定义为"管理、行为；针对个人的行动或行为"。公平公正待遇作为重要的法律原则，经历了一系列发展演变。许多案件的判决和裁决对公平公正待遇的适用进行了细致的探讨，设定了一系列标准用以确定是否对其构成违反。但对于上述标准，国际社会和学者之间一直存在不同的观点，从未统一过。

随着环境问题的不断突出，导致近年来与此有关的投资仲裁案件数量激增，仲裁庭在具体实践中也对以往形成的观点作出新的探索和理解，本章将要探讨的就是在这个背景下，公平公正待遇在适用过程中的新发展。

第一节　公平公正待遇的发展

公平公正待遇是国际法领域一项非常重要的内容，近年来频繁地出现在国际投资条约中，其在条约中的缘起是在第二次世界大战以后，迄今为止已经经历了多年的发展。[1] 公平公正待遇最早出现在经贸类条约里。二战后的经济萧条导致了对战前各国奉行的保护主义政策的反思和调整，最终促成了各国在自由贸易理念上的共识。在一些经贸类条约中，国民待遇和最惠国待遇的适用对象开始包括公司，约文中出现了针对投资保护的"公正待遇"（equitable treatment）的字样。[2] 为了恢复被战争摧毁的世界经济，推动各国经济复苏并建立新的国际经济秩序，在美国的倡导下开始筹建"国际贸易组织"（International Trade Organization，以下简称 ITO）。在建立 ITO 的 1948 年哈瓦那宪章（Ha-

---

〔1〕 UNCTAD, *Fair and Equitable Treatment——UNCTAD Series on Issues in International Investment Agreements*, vol. Vol. III, UN Symbol：UNCTAD/ITE/IIT/11, Manufactured in Switzerland：United Nations Publication, n. d.，p. 7 UNCTAD, *Fair and Equitable Treatment——UNCTAD Series on Issues in International Investment Agreements* Ⅱ, UNCTAD/DIAE/IA/2011/5, New York and Geneva：United Nations Publication, n. d.，p. 5；Rudolf Dolzer and Christoph Schreuer, *Principles of International Investment Law*, Oxford University Press, 2008, p. 119；"Fair and Equitable Treatment in International Law", American Society of International Law Proceedings, 100（2006），69；Moshe Hirsch, "Between Fair and Equitable Treatment and Stabilization Clause：Stable Legal Environment and Regulatory Change in International Investment Law", *Journal of World Investment & Trade*, 12（2011）：783；余劲松、梁丹妮："公平公正待遇的最新发展动向及我国的对策"，载《法学家》2007 年第 5 期；王楠："试析外资公平公正待遇标准"，载《时代法学》2008 年第 6 期；张苏锋："BIT '公平公正待遇' 条款中保护投资者合理期待的标准研究"，载《金陵法律评论》2013 年第 2 期；张长征："浅析国际投资法中公平公正待遇"，载《法制博览》2015 年第 12 期；梁开银："公平公正待遇条款的法方法困境及出路"，载《中国法学》2015 年第 6 期。

〔2〕 Vandevelde, "A Brief History of International Investment Agreements Symposium".

vana Charter 1948）中将公平公正待遇作为东道国对外资的一项
待遇正式纳入其第 11 条第 2 项，不过当时用的措辞还不是"Fair
and Equitable Treatment"，而是"Just and Equitable Treatment"。
尽管哈瓦那宪章最终没能生效，但其条文中使用的 Just 和 Equita-
ble 的概念被广大资本输出国接受作为保护投资的重要手段。公
平公正待遇在条约语言的具体表述上，在国际投资协定大量出现
之前并不是非常统一，因此一般将哈瓦那宪章作为公平公正待遇
正式出现在多边条约中的开始。[1] 随后，在同年召开的第九届
泛美会议上，与会各国签署了《波哥大经济协定》，该协定为外
国投资提供了充分的保障，各国明确表示赋予外国资本公平公正
待遇。公平公正待遇产生的另外一个重要的缔约实践是美国对外
缔结的 FCN。整个 20 世纪 50 年代，公平公正待遇频繁地出现在
FCN 的条款里。[2] 1959 年，在一群商人和律师的努力下，在
Harmann Abs 和 Lord Shawcross 的带领下制作并公布了《海外投
资公约草案》（*Draft Convention on Investments Abroad*）。该公约第
1 条即明确了海外投资享有公平公正待遇。[3]

在国际组织方面，OECD 在草拟《1967 年外国财产保护公约
草案》（*Draft Convention on the Protection of Foreign Property*）的时

---

〔1〕 UNCTAD, *Fair and Equitable Treatment——UNCTAD Series on Issues in Inter-national Investment Agreements*, Vol. III: p. 7; UNCTAD, *Fair and Equitable Treat-ment——UNCTAD Series on Issues in International Investment Agreements* II, 5; Rudolf Dolzer and Christoph Schreuer, *Principles of International Investment Law*, p. 120; Ryan, "Glamis Gold, Ltd. v. the United States and the Fair and Equitable Treatment Standard".

〔2〕 UNCTAD, Fair and Equitable Treatment——UNCTAD Series on Issues in Inter-national Investment Agreements, Vol. III: 8; Rudolf Dolzer and Christoph Schreuer, Prin-ciples of International Investment Law, 120; Ryan, "Glamis Gold, Ltd. v. the United States and the Fair and Equitable Treatment Standard".

〔3〕 "The Proposed Convention to Protect Private Foreign Investment——Introduc-tion", *Journal of Public Law*, 9 (1960), 115.

候接受了战后有关公平公正待遇方面的缔约实践。在该公约草案第 1 条即规定，作为缔约国，应当为其他缔约国国民的财产提供公平公正待遇。[1] OECD 尝试的另外一份多边条约——多边投资公约（MAI）在磋商过程中也强调了公平公正待遇，可惜的是MAI 最终未能正式生效。目前有效的多边条约中，影响力比较大的比如 NAFTA 和 ECT 中都含有公平公正待遇条款。

从 20 世纪 60 年代开始，公平公正待遇逐渐大量出现在资本输出国和资本输入国之间签订的 BITs 中。目前有效的 2600 多个BITs 中，绝大多数含有公平公正待遇条款。[2] 我国目前签订的国际投资协定中也大量含有公平公正待遇条款，如 2015 年签订的《中韩自由贸易协定》第十二章"投资"第 5 条就是公平公正待遇条款。不过，中韩自贸协定中关于公平公正待遇的问题是规定在"最低标准待遇"（Minimum Standard of Treatment）条款里的，并明确公平公正待遇的保护范围不能超越最低标准待遇。这里体现了本文要讨论的第一个问题，就是公平公正待遇条款与最低标准待遇的关系问题，这也是公平公正待遇的适用过程中仲裁庭经常需要面对的问题。

第二节　公平公正待遇与最低标准待遇

公平公正待遇与最低标准待遇之间的关系之争由来已久。在公平公正待遇出现之前，有关外国人及其财产保护的最主要的国际法渊源就是"习惯国际法"。二战以前有关经济往来的条约多以建立贸易关系为主要目的，有关投资保护的内容并不是条约关

---

〔1〕　Article 1（a）Each Party shall at all times ensure fair and equitable treatment to the property of the nationals of the other parties.

〔2〕　Ryan，"Glamis Gold，Ltd. v. the United States and the Fair and Equitable Treatment Standard".

注的核心，为了确保在缔约国领土内的外国人的人身和财产安全，以 FCN 为代表的条约通常都含有征收补偿的条款，也会包含国民待遇、最惠国待遇等条款，少数条约会包含有货币汇兑的条款，[1]"习惯国际法"要求东道国应当为投资者和投资提供一种符合最低国际标准的待遇，即最低标准待遇，是这一时期保护投资者的核心国际法原则。在公平公正待遇出现以后，与原有最低标准待遇之间的关系问题不可避免地成为国际法领域需要澄清的话题。

2.1 最低标准待遇

最低标准待遇是一项有关外国人待遇问题的习惯国际法原则。[2] 一项法律原则被公认为习惯国际法通常需要两个条件：国家实践和法律确信（opinio juris），而对习惯国际法的违反则会直接导致国家责任。在习惯国际法下，一个国家对外国人的待遇不应低于某些特定要求而不论其国内立法和实践如何。[3] 如果给予外国人的待遇低于最低标准待遇，就会导致承担国家责任。最低标准待遇迄今已经历了一个多世纪的发展，一般认为其应当包括拒绝司法（denial of justice）和其他可以导致国家责任的行为。[4] 早期有些国家担心他国对其国民的待遇有可能会降低到

---

〔1〕 Vandevelde, "A Brief History of International Investment Agreements Symposium".

〔2〕 UNCTAD, *Fair and Equitable Treatment——UNCTAD Series on Issues in International Investment Agreements* Ⅱ, p. 44.

〔3〕 J. C. Thomas, "Reflections on Article 1105 of NAFTA: History, State Practice and the Influence of Commentators", *ICSID Review* 17, no. 1 (March 20, 2002): 21, Rachel A. Hird, "Thomas W. Walde and Fair and Equitable Treatment", *Journal of Energy and Natural Resources Law*, 27 (2009), 377.

〔4〕 UNCTAD, *Fair and Equitable Treatment——UNCTAD Series on Issues in International Investment Agreements* Ⅱ, p. 45.

难以容忍的程度，这种担心不仅包括对自己国民人身的伤害，还包括对其财产和商业行为的干涉。因此认为，如果一个主权国家允许外国人进入其领土从事商业行为，那么它就应当为这些外国人提供一定程度的待遇，就是最低标准待遇。[1]

最低标准待遇最早并不是出现在外国人投资待遇的领域，而是出现在外国人人身待遇的领域。有关最低标准待遇被引用最多的案例就是 1926 年的 LFH Neer & Pauline Neer（the US）vs. Mexico 案。[2] Neer 是一位美国公民，在墨西哥的一家矿场做主管，在回家的路上被杀害。Neer 的家人认为墨西哥政府部门未尽到调查起诉的责任，构成了拒绝司法，并以此为由起诉了墨西哥政府。US-Mexico General Claims Commission（以下简称"委员会"）在其意见中为构成国家责任设定了很高的标准，从而驳回了此案。委员会在其意见中称："对外国人的待遇如果构成国际违法行为应当满足严重（outrage）、恶意（bad faith）、故意不履行职责（willfull neglect of duty）或从国际法的标准看，政府行为的不足能够使任何理性和公正的人发现这种不足。"[3] 由于 Neer 案对最低标准待遇的解释适用进行了最窄的限定，确立的违反国际法的标准很高，对公平公正待遇的适用做等同于最低标准待遇的解释可以让构成违反公平公正待遇的标准变得很高，从而

---

〔1〕　Thomas，"Reflections on Article 1105 of NAFTA"，22-23.

〔2〕　LHF Neer and Paulinee Neer（United States）vs. Mexico（21 AJIL（1927）555（US-Mexico General Claims Commission October 15，1926）；关于此案的详细论述参见：Patrick G. Foy and Robert J. C. Deane，"Foreign Investment Protection under Investment Treaties：Recent Developments under Chapter 11 of the North American Free Trade Agreement"，ICSID Review 16，no. 2（September 21，2001）：299－331，https：//doi. org/10. 1093/icsidreview/16. 2. 299；Thomas，"Reflections on Article 1105 of NAFTA".

〔3〕　LHF Neer and Paulinee Neer（United States）vs. Mexico，（1926）4 RIAA 60 paras. 61-62.

最大限度地降低构成国家责任的可能，因此东道国政府会更容易倾向于 Neer 案的标准。

另外一个经常被引用的案例是 ICJ 裁决的 ELSI 案（the US vs. Italy）。[1] 该案涉及对"专断的"（arbitrary）的解释。该案涉及的美国与意大利之间的 FCN 中明确禁止政府的"专断的"的行为，其起因是意大利的一位市长（mayor）Palermo 临时性地征收了一家美国人持有的意大利公司的一座工厂，美方认为意大利的临时性征收行为构成了"专断的"，因此需要承担国家责任。ICJ 认为，专断本身并不与法治相对立，它只是对法律的正当程序的故意忽略。从裁决此案的分庭的观点看，无论是省长撤销征用命令的理由，还是巴勒莫上诉法院对省长裁定的分析——即省长认定市长的征用命令是一种越权行为，其结果是该命令缺乏合法性——其本身都不一定意味着省长或巴勒莫上诉法院认为市长的行为是不合理的或专断的行为。专断是故意不顾正当法律程序，是一种令法律正义感到震惊或至少吃惊的行为。[2] ICJ 最后认定临时性征收行为并没有构成"专断"。ELSI 案确立的对于"专断"的界定相对宽松，因此该案确立的判断是否违反国际法而应承担国家责任的标准要宽松一些，后来的很多仲裁庭更多地援引了 ELSI 案确立的标准，一般理由就是公平公正待遇的标准应该是随着时间变化而不断演进的。[3]

2.2 公平公正待遇与最低标准待遇的关系

虽然绝大多数国际投资协定中都规定了公平公正待遇，但有

---

〔1〕 CASE CONCERNING ELETTRONICA SICULA S. P. A. （ELSI）（the US vs. Italy）（ICJ July 20, 1989）.

〔2〕 ELSI, Judgement paras. 120-130.

〔3〕 Rudolf Dolzer and Christoph Schreuer, *Principles of International Investment Law*, p. 129.

关公平公正待遇的具体内涵和外延以及判断标准却没有统一明确的定义，因此公平公正待遇的判断标准始终是国际投资法领域中的一个重要话题，造成这种争论的原因可以从两个方面分析。

第一，公平公正待遇与最低标准待遇的关系实质上是公平公正待遇在何种情况下可以理解为习惯国际法上的原则，其核心实际上是：违反公平公正待遇的判断标准是应该理解为等同于违反最低标准待遇的判断标准，还是构成违反公平公正待遇的判断标准是一套独立的标准。这一争论在很大程度上源自条约用语的不统一。

第二，公平公正待遇与最低标准待遇之间关系争论较大的另外一个原因是国际仲裁庭在具体案件中对公平公正待遇适用的标准掌握有很大区别。这一点从 NAFTA 生效后产生的一系列涉及环境保护的案件对于公平公正待遇的解释适用中可以明显地体现出来。

违反公平公正待遇的判断标准是等同于最低标准待遇违反的判断标准，还是另有一套独立的判断标准争论不休的更深层次的原因是，这一问题的结论将直接影响违反公平公正待遇判断标准的构成，进而决定何种类型的东道国管理性措施可以被诉、东道国管理性措施对投资干涉到何种程度会构成对公平公正待遇的违反。一般来讲，如果将违反公平公正待遇的判断标准等同于违反最低标准待遇的判断标准，则东道国管理性措施被诉的类型要比在将公平公正待遇理解为独立的国际法原则的情况下小得多，而构成违反公平公正待遇的门槛也比后者高很多。因此，对于东道国来说是一种更为有利的解释适用方式。

目前，关于两者之间的关系主要有如下几种理解：一种是将公平公正待遇等同于最低标准待遇或理解为最低标准待遇的一部分;[1] 另一种则认为公平公正待遇是包括所有渊源在内的国际法的一部分，及将公平公正待遇的适用标准在最低标准待遇的基础上进行了扩展;[2] 第三种意见则认为[3]公平公正待遇是一项独立、统一的国际法上的待遇标准,[4] 是一项绝对国际法原则，不是相对的衡平原则，其适用不需要参照东道国赋予投资的其他待遇。[5] 著名学者 F. A. Mann 也认为，由于现实的客观情况是以前使用的词汇难以表达的，因而其提供的保护更为广泛，所以公平公正待遇条款的解释适用也应当独立于以往的其他国际法原则，而被独立看待。[6] 因此，即使东道国给外国投资提供

---

〔1〕 E. Merrick Dodd, "Fair and Equitable Recapitalizations", *Harvard Law Review*, 55 (1942 1941), 780; 余劲松、梁丹妮: "公平公正待遇的最新发展动向及我国的对策"，载《法学家》2007 年第 6 期; Ryan, "Glamis Gold, Ltd. v. the United States and the Fair and Equitable Treatment Standard"; Rudolf Dolzer and Christoph Schreuer, *Principles of International Investment Law*, p. 124.

〔2〕 余劲松、梁丹妮: "公平公正待遇的最新发展动向及我国的对策"，载《法学家》2007 年第 6 期。Ryan, "Glamis Gold, Ltd. v. the United States and the Fair and Equitable Treatment Standard"; Rudolf Dolzer and Christoph Schreuer, *Principles of International Investment Law*, p. 123.

〔3〕 余劲松、梁丹妮: "公平公正待遇的最新发展动向及我国的对策"，载《法学家》2007 年第 6 期; 张苏锋: "BIT'公平公正待遇'条款中保护投资者合理期待的主观层面标准研究"，载《中国外资》2018 年第 17 期; Ryan, "Glamis Gold, Ltd. v. the United States and the Fair and Equitable Treatment Standard"; Rudolf Dolzer and Christoph Schreuer, *Principles of International Investment Law*, p. 124.

〔4〕 Rudolf Dolzer and Christoph Schreuer, *Principles of International Investment Law*, p. 123.

〔5〕 余劲松、梁丹妮: "公平公正待遇的最新发展动向及我国的对策"，载《中国外交》2018 年第 17 期; Ryan, "Glamis Gold, Ltd. v. the United States and the Fair and Equitable Treatment Standard".

〔6〕 See Ryan, "Glamis Gold, Ltd. v. the United States and the Fair and Equitable Treatment Standard", 930.

了与本国投资相同的待遇标准也有可能违反公平公正待遇。[1]

不过，第一种理解目前正在面临比较大的挑战。联合国贸易和发展会议有研究认为这种理解方式不妥，因为从国家实践的角度看，如果缔约国认为公平公正待遇等同于最低标准待遇，那么就没有必要在条约中出现两种不同的表达方式；其次，最低标准待遇本身也存在较大争议，发达国家普遍支持最低标准待遇作为习惯国际法原则，而发展中国家中有不少都在这一点上持否定态度。[2]虽然第一种理解避免了在公平公正待遇适用过程中的一些不确定因素，但难以解决发展中国家对最低标准待遇的反对态度带来的问题。目前的国际实践中，在适用公平公正待遇的过程中，主流态度采取的是第二种理解，但第三种理解方式也有仲裁庭采用过，近期的 Merrill&Ring 案[3]就采用了这种解释方法。

第三节　环境保护对公平公正待遇与
最低标准待遇关系的影响

作为比较早期的案件，S. D. Myers 案公平公正待遇的适用采用了比较高的标准。该案被申请人加拿大政府主张关于公平公正待遇的解释应该适用前文所述对公平公正待遇与最低标准待遇关系的第一种理解，将公平公正待遇的适用限定在 Neer 案对最低

---

[1] Rudolf Dolzer and Christoph Schreuer, *Principles of International Investment Law*, p. 123.

[2] UNCTAD, *Fair and Equitable Treatment——UNCTAD Series on Issues in International Investment Agreements*, Vol. III：12-13；余劲松、梁丹妮："公平公正待遇的最新发展动向及我国的对策"，载《法学家》2007 年第 6 期。

[3] Merrill & Ring Forestry L. P. v. The Government of Canada, No. ICSID Administered Case (ILM March 31, 2010).

标准待遇的解释范围内。[1] 该案仲裁庭在裁决中认为，只有在投资者被专断的、不公正的对待达到了从国际法的角度难以接受的程度的时候，才构成对公平公正待遇的违反。[2] 上述判断必须采用较高的标准，其标准应当等同于从国际法的角度判断国际法在何种情况下应当介入国内机构在其管辖权范围内处理事务的权力的标准，且这种决定应当考虑到涉及案件的所有具体的国际法原则的适用。[3] 仲裁庭裁决的上述内容虽然对构成公平公正待遇的违反设定了较高的标准，但实际上否定了加拿大政府关于将公平公正待遇的适用限定在 Neer 案对最低标准待遇的解释范围内的主张，并在裁决中引用了 Mann 的观点，主张对公平公正待遇的违反应从个案具体情况的角度进行考量，而不应囿于某一固有习惯国际法原则，[4] 并通过仲裁庭的多数意见确定在本案中如果违反了 NAFTA 第 1102 条规定的国民待遇，就应当构成对其规定的公平公正待遇的违反。[5]

　　在 Metalclad 案中，仲裁庭同样遇到了有关公平公正待遇适用的问题。[6] 申请人 Metalclad 公司认为，涉及 NAFTA 第 1105 条的解释适用问题不应限于传统的解释方法，除了考察习惯国际法有关违反公平公正待遇的构成标准外，还应当考虑"可预期性"和"透明度"问题，上述两点在 NAFTA 序言中都有规定。作为被申请人的墨西哥政府主张适用第一种理解。该案裁决中并没有涉及公平公正待遇与最低标准待遇的关系问题，但确认了评

---

〔1〕 Pope & Talbot Inc. v. The Government of Canada, No. NAFTA（UNCITRAL）（February 21, 2001）para. 309.

〔2〕 S. D. Myers Inc. v. Canada, Partial Award NAFTA（UNCITRAL）para. 263.

〔3〕 Ibid, para. 263.

〔4〕 Ibid, para. 265.

〔5〕 Ibid, paras. 266、268.

〔6〕 Metalclad Corporation v. United Mexican States, Award.

价是否构成违反公平公正待遇时应当考虑"可预期性"和"透明度"。

随后的 Pope&Talbot 案、Mondev 案、ADF 案在上述两个案件的基础上进一步确认了第二种理解方式在仲裁案件中的影响力。上述三个案件在裁决中都主张 NAFTA 中的公平公正待遇标准包括但不限于 Neer 案确立的标准，其具体标准已经随着时代的发展比 Neer 案当年确定的政府不当行为的判断标准有了很大的发展。[1] 尤其是在 Pope&Talbot 案中，仲裁庭对公平公正待遇适用的阐述结合了公平公正待遇的发展以及在 NAFTA 中的特定语言环境，成为后续案件中常被引用的内容。仲裁庭在裁决中认为，从 NAFTA 第 1105 条约文的规定中可以明确最低标准待遇"依据国际法，应当包括公平公正待遇"，仲裁庭进而认为，第 1105 条规定的公平公正待遇应当是被包含在习惯国际法内的。但是，由于第 1105 条的措辞是在美国与其他国家双边经贸条约谈判的基础上发展出来的，因此 NAFTA 项下的投资者理应享受"公平因素"（fairness elements）带来的好处，这种公平因素是 NAFTA 缔约国一般适用的标准（ordinary standards applied）。[2] 仲裁庭进而得出结论，第 1105 条规定的公平公正待遇的适用应当进行扩展解释，不必将公平公正待遇等同于最低标准待遇。

出于对国际仲裁庭将公平公正待遇不断作自由解释的担心，NAFTA 的 FTC 于 2001 年 7 月 31 日发布了有关第 1105 条具有约

---

〔1〕 Pope & Talbot Inc. v. The Government of Canada, No. NAFTA（UNCITRAL）（April 10, 2001）paras. 107–118；Mondev International Ltd. v. United States of America, No. Case No. ARB（AF）/99/2（ICSID October 11, 2002）paras. 114–119；ADF Group Inc. v. United States of America, No. Case No. ARB（AF）/00/1（ICSID January 9, 2003）paras. 179、180.

〔2〕 Pope & Talbot Inc. v. The Government of Canada, Award on the Merits of Phase 2 paras. 110、118.

束力的解释的通知,[1] 明确了第 1105 条规定的公平公正待遇等同于习惯国际法中的最低标准待遇，并要求仲裁庭放弃使用扩展的解释适用方法。但 FTC 的这一解释并没有对仲裁庭在案件仲裁过程中对公平公正待遇采取扩展解释适用方法带来决定性的影响。

Pope&Talbot 案开始于 FTC 作出通知之前，在案件处理过程中 FTC 发出了上述解释。在此案后来发布的关于损害的裁决中,[2] 仲裁庭质疑了 FTC 通知的法律效力，肯定了此案上一阶段仲裁庭有关公平公正待遇态度的效力。[3] 仲裁庭最终坚持认为，自 Neer 案以来各国国际投资协定的缔约实践证实了公平公正待遇的概念是不断扩张的，因此"习惯国际法的概念已经有了新的发展演进"，同时参考了 1989 年 ICJ 在 ELSI 案里的立场,[4] 从而驳回了被诉方加拿大政府关于公平公正待遇的解释适用应当遵照 Neer 案确立的标准的主张,[5] 同时也意味着本案的裁决并没有遵照 FTC 的通知的立场。仲裁庭认为，ELSI 案中 ICJ 的立场比 Neer 案的标准更可取，ELSI 案确立的标准"在评价政府对公司和个人的行为方面更有活力、对新发展的体现更

---

〔1〕 NAFTA Free Trade Commission, Notes of Interpretation of Certain Chapter 11 Provisions.

〔2〕 Pope & Talbot Inc. v. The Government of Canada, No. NAFTA (UNCITRAL) (March 31, 2001).

〔3〕 详细论述参见: Charles H. II Brower, "Why the FTC Notes of Interpretation Constitute a Partial Amendment of NAFTA Article 1105", "Virginia Journal of International Law", 46 (2006 2005), 347; Ian A. Laird, "Betrayal, Shock and Outrage - Recent Developments in NAFTA Article 1105", *Asper Review of International Business and Trade Law*, 3 (2003), 185.

〔4〕 ELSI, Judgement para. 128.

〔5〕 Pope & Talbot Inc. v. The Government of Canada, Award in Respect of Damages paras. 58-59.

好、标准更为严密"。因此更适合当代情况下的外国投资保护。[1] Mondev 案和 ADF 案都沿用了 Pope&Talbot 案有关公平公正待遇的立场。

不过上述情况在 2009 年有了突然的转变，这种转变是 Glamis 案的裁决带来的。Glamis 是一家成立于 1972 年的金矿开采公司，此案与其在南加利福尼亚州联邦土地上的矿业投资有关。Glaims 的一个全资子公司自 20 世纪 80 年代开始就在拉丁美洲从事露天金银矿的开采作业。在争端开始前，Glamis 正在进行一个名为"帝王"（Imperial Project）的项目。为了项目运作，Glaims 依据美国国内法取得了南加州一片联邦土地的采矿权，项目周期从 1998 年到 2017 年。在这期间，Glaims 计划在这块土地的七个矿坑作业区采出 15 亿吨矿石和 30 亿吨岩石，并就地提炼金子。Glaims 拥有的土地距离加州印第安保留区很近，这一区域受到《1976 年联邦土地政策与管理法案》的保护，所有影响该区域生态环境和自然风景的投资都受到严格的监控和管理。Glamis 前三个矿坑开采计划都得到了加州土地管理局的批准，但自 2001 年起，美国联邦内务部以当地土地会遭受不适当的损害和破坏以至于无法修复为由否决了 Glamis 剩余所有开采计划。此外，加州通过立法要求在印第安保留区一英里范围内作业的所有矿坑必须回填，极大地增加了 Glamis 的运营成本。Glamis 认为美国联邦政府和加州政府的上述做法违反了 NAFTA 第 1105 条的规定，同时构成征收（第 1110 条）。

Glamis 认为，目前东道国承担的公平公正待遇义务包括两个方面：一是保护投资者的合理预期；二是保护投资者不受政府专

---

〔1〕　Ibid, para. 64.

断行为的损害，并援引了以前的案例裁决作为证明。[1] 作为被申请方的美国政府则认为，有关公平公正待遇的解释适用应当参照传统的方法进行，即将公平公正待遇等同于最低标准待遇。在关于第 1105 条公平公正待遇的论述中，仲裁庭接受了被申请方的看法，认为"尽管目前的形势比 20 世纪 20 年代有了很大变化也更为复杂，但（有关公平公正待遇适用的）审查标准依然是相同的"，[2] "Neer 案确立的标准在今天依旧能够适用"。[3] 仲裁庭进一步认为，作为申请人的 Glamis 认为最低标准待遇的标准随着时代的发展而有了变化，它应当附有举证责任来证明这种变化的客观存在，而在 Glamis 的书状中并没有证明习惯国际法存在需要的"国家实践"和"法律确信"的内容，[4] 因此驳回了 Glamis 的诉求。Glamis 案的裁决因为举证责任划分的问题广受诟病，其对公平公正待遇解释适用的论证也被认为是一种倒退。[5]

近期的 Merrill 案则又采取了与 Glamis 案完全不同的做法。Merrill & Ring Forestry L. P. 是设在加拿大卑诗省（British Columbia）的一家做木材出口生意的美国公司。依据土地所有权的不同，木材出口在卑诗省要受到州和联邦两级法律制度的管辖，由于州法律设定的条件比联邦法律更为优惠，执行起来效率更高，对投资者更有好处，Merrill 的经营因此受到了影响。Merrill 以此

---

〔1〕 Glamis Gold. Ltd. v. United States of America, Award para. 573.

〔2〕 Ibid, para. 616.

〔3〕 Ibid, para. 620.

〔4〕 Ibid, paras. 606、608.

〔5〕 Ryan, "Glamis Gold, Ltd. v. the United States and the Fair and Equitable Treatment Standard"; Raphael de Vietri, "Fair and Equitable Treatment for Foreign Investment: What Is the Current Standard at International Law", *International Trade and Business Law Review*, 14（2011），414.

为基础，将加拿大政府诉至国际仲裁庭，认为其有关木材出口的法律违反了国民待遇、最惠国待遇、最低标准待遇等在 NAFTA 项下规定的义务。该案虽然与本文重点研究的与环境保护有关的案例不直接相关，但由于它代表了公平公正待遇解释适用的一个新的发展方向，因而有必要提及。

本案裁决在论及公平公正待遇的解释适用时认为，"习惯国际法并没有冻结，它一直伴随国际社会的现实情况在发展"，[1] "给外国人在商业、贸易和投资领域提供公平、公正待遇的要求在实践中被充分、广泛地接受并付诸实施，从而构成在当今实践中习惯国际法上的（对公平公正待遇新发展的）法律确信。一项待遇标准的名字本身并不重要，重要的是这项待遇标准的实质是保护公正、公平、合理的理念不被侵害。上述标准（公正公平合理）难以被准确定义，它们应当根据每个案件的事实情况进行分析适用"，[2] "如今的最低待遇标准已经超出了当年 Neer 案确立的范围"。[3]

从仲裁庭的裁决可以看出，本案完全抛弃了 Glamis 案关于公平公正待遇的态度，将公平公正待遇作为一项独立的习惯国际法原则进行解释适用，并试图通过证明公平公正的待遇是在商业、贸易和投资领域里被普遍接受的事实证明其达到了习惯国际法的两个标准之一的"法律确信"的要求。这种尝试更接近于对于公平公正待遇三种理解的第三种，即将公平公正待遇当作独立的条约义务来处理；而 Glamis 案则更接近第一种理解，将公

---

〔1〕 Merrill & Ring Forestry L. P. v. The Government of Canada, Award, UNCITRAL para. 193.

〔2〕 Merrill & Ring Forestry L. P. v. The Government of Canada, Award, UNCITRAL para. 210.

〔3〕 Ibid, para. 213.

平公正待遇等同于最低标准待遇，作最狭义的解释；其余的 S. D. Myers 案，Metalclad 案，Pope&Talbot 案，Mondev 案和 ADF 案均使用的是第二种理解方式，在承认公平公正待遇与最低标准待遇关系的基础上，对公平公正待遇作了扩展的解释适用。

第四节　环境保护对违反公平公正待遇判断标准的影响

违反公平公正待遇的判断标准的不同解释和适用方式本身使国际法在这一领域变得更加复杂和扑朔迷离。

传统观点认为，国家创造了国际法而国际司法机构负责解释和适用国际法。实践中，国际司法机构在国际法发展过程中扮演的角色非常重要，因为很难区分法律的解释过程和造法过程，国际司法机构被要求对宽泛的法律规定作出解释，填补空缺并澄清疑惑，这些司法解释被国家、法庭和学者反复引用，从而作为国际法内容的证据。[1] 从这个角度考虑，结合仲裁实践，虽然依旧难以给公平公正待遇作出明确的定义，但还是可以归纳出一些违反公平公正待遇的不合适的国家行为。

著名国际法学者余劲松先生将公平公正待遇的构成要素总结为四点，即给外国投资提供稳定的、可预见的法律与商业环境；投资者的基本预期；不以"恶意"为条件；违反公平公正待遇要承担赔偿责任。[2] 这四个要素就是在判断是否构成违反公平公正待遇时应当考虑的四项标准。国外学者对此也有很多论述。

---

〔1〕　Anthea Roberts，"Power and Persuasion in Investment Treaty Interpretation：The Dual Role of States"，*American Journal of International Law*，104（2010），179；Anthea Roberts，"Clash of Paradigms：Actors and Analogies Shaping the Investment Treaty System"，*American Journal of International Law*，107（2013），0.

〔2〕　余劲松、梁丹妮："公平公正待遇的最新发展动向及我国的对策"，载《法学家》2007 年第 6 期。

2004 年 OECD 的一项研究指出，公平公正待遇的判断标准应当包括：适当注意、正当程序、透明度、善意原则（包括尊重基本预期、透明度、不存在专断的政策制定），[1] 结合前述案例和学者观点可以总结得出不合适的国家行为至少应当包括：破坏投资者预期、拒绝司法和正当程序、专断的政策制定、歧视行为以及严重不正常的待遇（abusive treatment）。[2] 另一方面，投资者的不当行为也是东道国进行抗辩的理由。

综合多年来的案例实践和学术论述，在上述六个有关公平公正待遇的判断标准上，环境保护对其影响最为显著的是"破坏投资者预期"和"投资者的不当行为"。

4.1 破坏投资者预期

从一个较长的时间段考虑，东道国政府出于各种目的调整环境保护的国内法律法规是一个几乎必然发生的情况，这种调整极有可能与投资者的预期产生冲突。从实践情况看，这是环境保护对公平公正待遇的判断标准影响最大的地方，本质上是东道国的管理权与投资者利益之间的平衡。

在投资仲裁过程中，投资者的预期最初只是作为与透明度有关的因素予以考虑的，但近年来已经发展成为国际投资仲裁中有

---

〔1〕 OECD, "Fair and Equitable Treatment Standard in International Investment Law", OECD Working Papers on International Investment（Paris: Organisation for Economic Co-operation and Development, September 1, 2004）, http://www.oecd-ilibrary.org/content/workingpaper/675702255435; OECD, "Fair and Equitable Treatment Standard in International Investment Law", in International Investment Law: A Changing Landscape（Organisation for Economic Co-operation and Development, 2006）, 73 - 125, http://www.oecd-ilibrary.org/content/chapter/9789264011656-4-en.

〔2〕 UNCTAD, *Fair and Equitable Treatment——UNCTAD Series on Issues in International Investment Agreements* II, p. 62.

关公平公正待遇标准的核心要素之一。[1] 合理预期的概念实际上源自于客观情况的不断变化。由于投资在东道国一般都会维持比较长的时间，有一些投资如制造业和服务业，运营基本上没有时间的限制，在这种情况下，东道国的一些客观情况的变化有可能会对投资运营带来负面影响。这些客观情况的变化有些是纯经济原因，有些则是东道国政府的行为引起的。有关纯经济因素的问题，在 1934 年 Oscar Chinn 案的判决中就有过论述。该案判决明确指出，有利的商业条件和善意会由于不可避免的改变而出现变化，没有任何企业可以摆脱由于一般性经济条件变化而导致的损害。[2] 因此，本节内容所讲的对合理预期的影响是由另外一种情况，即东道国政府的行为引起的，包括法律法规的调整、政府的作为和不作为等。

根据争端所依据的条约的不同情况和案件事实的不同情况，合理预期的具体标准在仲裁案件中也有不同的体现。总结起来，案件裁决中仲裁庭考虑的因素大致可以分为以下几种：法律和商业环境的稳定、对东道国一般法律环境的了解、特别承诺、政府管理权与投资者预期的平衡。

有关"法律和商业环境的稳定"在 Tecmed 案[3] 中被仲裁庭提及。此案仲裁庭认为，国际法确立的善意原则要求东道国给予投资的待遇不能影响投资者在作出投资时所做的基本预期。外国投资者期望东道国处理与外国投资者关系时的行为方式是始终

---

〔1〕 Christoph Schreurer, "Fair and Equitable Treatment in Arbitral Practice", *Journal of World Investment & Trade*, 6（2005），357；UNCTAD, *Fair and Equitable Treatment——UNCTAD Series on Issues in International Investment Agreements* Ⅱ, 63.

〔2〕 United Nations, Summaries of Judgments, Advisory Opinions and Orders of the Permanent Court of International Justice, 340-48；Oscar Chinn Case（UK v. Belgium）para. 27.

〔3〕 Tecmed v. Mexico, Award para. 154.

如一的、清晰的、透明的，从而使外国投资者可以事先了解与投资有关的规则、规章，以及有关政策、实践和指令，以便其对投资进行规划以遵守上述规定。仲裁庭在此基础上认定墨西哥政府取消 Tecmed 公司经营许可的行为是在规定不清晰、行为不透明的情况下进行的，从而破坏了投资者的合理预期。此案的上述观点得到了 CMS 案[1]和 Enron[2]案的支持。

　　投资者应当对东道国的发展程度和政府在该投资领域的实践有所了解。实际上，多数投资者更倾向于在发展中国家进行投资以期获得比在发达国家投资更高的利润率，正因如此其面临的风险也可能更大。[3]"对东道国一般法律环境的了解"作为合理预期的考虑因素主要是从投资者的角度出发的，在 Methanex 案中得到了仲裁庭的支持。仲裁庭在裁决中指出，外国投资者应当对东道国的一般法律环境有所了解，并以此作为其建立合理预期的基础。仲裁庭认为，美国联邦政府和州政府的环境和健康保护机构对化学成分的使用和影响作不间断的监测，并对其使用基于环境和健康原因作出限制或者禁止的事实是众所周知的（widely known），[4]因此，Methanex 公司应该对此有所了解。基于上述原因，Methanex 公司如果认为基于环境和健康原因而对有关化学品的法规不会作出调整，该公司应论证其基于上述客观情况作出该预期的合理性。[5]

---

　　〔1〕　CMS Gas Transmission Company v. Argentine Republic, No. ICSID Case No. ARB/01/8（ICSID May 12, 2005）.

　　〔2〕　Enron Creditors Recovery Corporation（formerly Enron Corporation）and Ponderosa Assets, L. P. v. Argentine Republic, No. ICSID Case No. ARB/01/3（ICSID May 22, 2007）.

　　〔3〕　Generation Ukraine Inc. v. Ukraine, Award paras. 20, 37.

　　〔4〕　Methanex Corporation v. United States of America, Final Award of The Tribunal on Jurisdiction and Merits Part IV, Chapter D, para. 10.

　　〔5〕　Ibid.

"特别承诺"与"对东道国一般法律环境的了解"两个因素之间存在一定的联系。同样是在 Methanex 案中，仲裁庭也考虑了特别承诺的问题。Methanex 认为美国政府的法规调整行为是不公正的、破坏了市场秩序且对外国企业构成了歧视。仲裁庭在考虑"对东道国一般法律环境的了解"因素的基础上，认为如果环境法规的调整是美国政府的经常行为，除非 Methanex 公司有美国政府的特别承诺，它对法规不作调整的预期都是不合理的。[1] 但仲裁庭并没有指出何种方式可以被当作"特别承诺"。本文认为，针对外国投资者所作的明确的许诺可以作为一种特别承诺，比如投资合同中的"稳定条款"；以及外国投资者依据的、为吸引外资专门设立的、并以此为基础作出投资决定的具体规定可以被看作特别承诺。[2] 在 Enron 案中，虽然阿根廷政府并没有对外国投资者作出特别承诺，但国内立法中的有关规定被仲裁庭认为是一种保证，并成为构成"特别承诺"的充分证明。[3]

"政府管理权与投资者预期的平衡"是另一个仲裁庭在裁决中会考虑到的因素，不少案件的裁决中都谈到了平衡投资者预期与东道国合理的管理目标之间关系的重要性。比较一致的看法是，公平公正待遇并不妨碍政府为公共利益目的而做出的行为，即使上述行为对投资有不利的影响。[4] ICSID 在 2007 年裁决的

---

〔1〕 参见 Methanex Corporation v. United States of America, Final Award of The Tribunal on Jurisdiction and Merits Part Ⅳ, Chapter D, para. 10.

〔2〕 Ryan, "Glamis Gold, Ltd. v. the United States and the Fair and Equitable Treatment Standard", para. 627.

〔3〕 Enron Creditors Recovery Corporation (formerly Enron Corporation) and Ponderosa Assets, L. P. v. Argentine Republic, Award paras. 264-266.

〔4〕 UNCTAD, *Fair and Equitable Treatment——UNCTAD Series on Issues in International Investment Agreements* Ⅱ, p. 73.

Parkerings-Compagniet 案[1]中就涉及了这个问题。Egapris Con-
sortium（一个商业实体集团，其中有一个是 Parkerings-Compagni-
et 公司全资拥有的立陶宛子公司）与立陶宛 Vilnius 市签订了一
份协议，在该市建立一套多层停车场系统并负责收费和对有关违
章停车行为进行罚款。合同生效后，立陶宛政府和议会认为上述
合同违反了法律规定，同时由于停车场系统的规划区域在 Vilnius
市的老城，该区域属于联合国教科文组织认定的世界文化遗产区
域，出于环境保护原因，上述协议遭到了多家政府部门的反对，
最终 Vilnius 市放弃了多层停车场系统的开发项目。Parkerings-
Compagniet 公司因此将立陶宛政府诉至 ICSID，其申请仲裁的理
由之一就是立陶宛政府违反了公平公正待遇。

　　仲裁庭在分析 Parkerings-Compagniet 有关公平公正待遇的诉
求时认为，任何主权国家都有无可辩驳的行使其立法权的权力，
只要是在合理和公平的前提下；投资者应当估计到这种可能出现
的变化并尽可能地适应新的、变化后的法律环境；由于立陶宛政
府并没有给出任何形式的不对法律进行修改的特别承诺，Parker-
ings-Compagniet 公司有关立陶宛政府违反公平公正待遇的仲裁请
求就是不能够成立的。[2] 仲裁庭在裁决中特别指出，"国家有
权自己决定对法律进行制定、修改或废除……而事实上，任何一
个商人都清楚地知道法律会随着时间而有变化。（公平公正待
遇）所禁止的行为又是国家在行使立法权过程中的不公平、不合
理和不平等"。[3]

　　从上述分析可以看出，仲裁庭在分析东道国的行为是否破坏

---

　　[1]　Parkerings-Compagniet AS v. Republic of Lithuania, No. Case No. ARB/05/8
(ICSID September 11, 2007).

　　[2]　Parkerings-Compagniet AS v. Republic of Lithuania, Award paras. 334-338.

　　[3]　Ibid, para. 332.

了投资者的合理预期从而构成对公平公正待遇的违反时，并不是脱离客观的法律法规、经济、社会和政治环境孤立地分析合理预期因素的。仲裁庭通常会在上述综合的前提下，平衡投资者预期与东道国通过管理手段保护公共利益的行为，这一点对发展中国家来说尤为重要。投资者可以要求东道国在行使其管理职权时是基于善意的，并期待东道国对公共利益进行保护的措施是非歧视的、不专断的，但同时投资者有义务在作出投资前综合考虑东道国的各种实际情况有可能带来的风险，包括法律与政治风险。

4.2 外国投资者的行为

与其他判断因素都与政府管理行为有关不同，本段提到的"外国投资者的行为"则是东道国可以依据的抗辩理由。外国投资者的行为至少在两个方面与判断东道国的行为是否构成违反公平公正待遇有关。[1] 首先，投资者的行为不当有可能被认为是东道国采取针对投资者的管理措施的合理理由，比如投资者的虚假陈述、欺诈等行为；其次，投资者自己的行为也有可能被认为是导致投资损失的原因之一，从而被认定应当自己承担部分损失。根据该标准，如果政府管理性措施的制定与实施是因为投资者破坏环境的行为引起的，那么投资者自身的行为将有可能成为东道国政府免责的理由，这在以往的投资仲裁中并不常见。

4.3 其他判断标准的变化

相对于前述两个标准，其他四项标准在投资仲裁中也时有提及，但环境保护因素对其具体适用的影响目前并不是十分明显。

---

[1] UNCTAD, *Fair and Equitable Treatment——UNCTAD Series on Issues in International Investment Agreements* Ⅱ, pp. 83-85.

4.3.1 拒绝司法和正当程序

正当程序原则最基本的一个要求就是避免拒绝司法。拒绝司法不仅可能由法院引起，也可能由立法机关引起，[1] 但并不是上述机关的所有不当行为都有可能构成拒绝司法，只有"严重的、明显的"不公正行为才有可能构成拒绝司法。国内法的错误适用或者解释本身并不构成拒绝司法。依据 UNCTAD 对有关国际仲裁裁决的整理，拒绝司法的情况包括但不限于：拒绝给予司法解决的机会或法院拒绝作出裁决、程序的不合理拖延、司法系统没有足够地独立于立法和行政系统、生效判决或仲裁裁决无法执行、法官腐败、对外国诉讼当事人的歧视、违反基本正当程序的保障，如不通知当事方有关程序和没有给予听证机会等。[2]

Metalclad 案中，墨西哥政府拒绝向申请人颁发建筑许可，仲裁庭认为政府的拒绝行为构成了对公平公正待遇的违反，理由是上述拒绝行为缺少适当的程序要素，没有给申请人提供听证的机会。仲裁庭在裁决中提到："建筑许可授权的否决是在市政委员会的会议上作出的，但 Metalclad 公司并没有接到通知，也没有被邀请参会，因此也就没有被赋予出席会议的机会。"[3]

基于类似的理由，在 Tecmed 案中墨西哥政府撤销 Tecmed 公司垃圾填埋场许可的行为也被认为违反了公平公正待遇。在裁决中，仲裁庭认为墨西哥当局环保机构事先没有告知 Tecmed 公司其撤销垃圾填埋场许可的意向，因而事实上剥夺了 Tecmed 公司表达自己立场的机会，从而构成了对正当程序的违反。

---

〔1〕　Rudolf Dolzer and Christoph Schreuer, *Principles of International Investment Law*, p. 142.

〔2〕　UNCTAD, *Fair and Equitable Treatment——UNCTAD Series on Issues in International Investment Agreements* Ⅱ, p. 80.

〔3〕　Metalclad Corporation v. United Mexican States, Award para. 91.

4.3.2 专断的政策制定（arbitrariness）

在近期一系列由环境保护问题引起的国际投资仲裁中，没有裁决在公平公正待遇环节专门论及"专断的政策制定"这个问题。在有些国际投资协定中，禁止专断的政策制定被列为单独的条约义务，但不少的国际仲裁案件中将"专断"作为判断是否构成违反公平公正待遇的一个要素。

早在 ELSI 案中，ICJ 就已经明确了"专断"是判断是否违反习惯国际法的要素之一，并认为一个行为即使违反了国内法，在国际法上也不见得一定是"专断"的。[1] 上述立场在由 2000 年~2002 年阿根廷经济危机引发的有关国际仲裁中得到了进一步的支持。在 Enron 案[2]和 LG&E 案[3]中，仲裁庭都表示，即使阿根廷政府国内管理性措施的调整与其国内法律框架不一致，但由于其政策调整是政府在当时的情况下认为是应对现实而作出的最好选择，因此这种调整不能被认为是"专断的"。[4]

4.3.3 歧视行为

非歧视待遇与公平公正待遇、国民待遇、最惠国待遇之间的关系一直是我国理论界争论的一个话题。有观点认为，国民待遇和最惠国待遇应当被当作非歧视待遇的两个方面，而公平公正待

---

〔1〕 ELSI, Judgement ICJ Report 1989 p. 15.

〔2〕 Enron Creditors Recovery Corporation (formerly Enron Corporation) and Ponderosa Assets, L. P. v. Argentine Republic, Award.

〔3〕 LG&E Energy Corp. , LG&E Capital Corp. and LG&E International Inc. v. Argentine Republic, No. ICSID Case No. ARB/02/1 (ICSID July 25, 2007).

〔4〕 Enron Creditors Recovery Corporation (formerly Enron Corporation) and Ponderosa Assets, L. P. v. Argentine Republic, Award para. 281; LG&E Energy Corp. , LG&E Capital Corp. and LG&E International Inc. v. Argentine Republic, Decision on Liability para. 162.

遇应当理解为非歧视待遇。[1] 上述观点的合理性不在本节探讨的范围，但从仲裁实践看，非歧视同样被仲裁庭作为判断是否违反公平公正待遇的判断标准之一。

UNCTAD 的观点认为，非歧视作为是否违反公平公正待遇的判断标准之一，应当与东道国依据条约承担的给投资者提供最惠国待遇的条约义务区别开。[2] 国民待遇和最惠国待遇应对的是以国籍为基础的歧视行为，而作为公平公正待遇构成要素之一的非歧视要求针对的是基于其他明显错误的立场，如性别、种族、宗教信仰等，对外国投资者采取的有针对性的歧视行为。Waste Management 案中，仲裁庭认为，故意共谋以阻挠或破坏投资的行为也构成歧视。[3] Glamis 案的仲裁庭也采纳了上述观点。[4]

4.3.4 严重不正常的待遇

如果说上节提到的非歧视要求是针对错误立场的行为，那么严重不正常的待遇则是针对依据东道国国内法可能拥有合理理由的行为而提出的。严重不正常的待遇行为包括强迫、胁迫、骚扰、滥用职权、威胁、武力恐吓等。严重不正常的待遇行为可以表现为很多形式，判断起来有较大的难度，但如果这种行为是"重复的""持续的"或者是"以剥夺合法权利为目的而共谋的",[5] 则很有可能被认定构成对公平公正待遇的违反。

---

〔1〕 王楠："试析外资公平公正待遇标准"，载《现代法学》2008 年第 6 期。

〔2〕 UNCTAD, *Most-Favoured-Nation Treatment——UNCTAD Series on Issues in International Investment Agreements* Ⅱ, UNCTAD/DIAE/IA/2010/1, New York and Geneva: United Nations Publication, 2010, pp. 15–16.

〔3〕 Waste Management, Inc. v. United Mexican States Ⅱ, No. Case No. ARB (AF) /00/3 (ICSID April. 30, 2004) para. 138.

〔4〕 Glamis Gold. Ltd. v. United States of America, Award footnote 1087.

〔5〕 Waste Management, Inc. v. United Mexican States Ⅱ, Award para. 138.

小结

由于环境保护问题的日益突出，环境问题引发的国际投资仲裁越来越多，这类案件的一个共同特点就是基本上都是由政府的管理性措施引起的，前文提到的案例多是如此。各国国内环境治理的需要以及所承担的国际环境条约的义务使得国内环境政策的调整成为广大发展中国家在未来一段时期需要不时面对的一个常态性问题。由于长期作为发达国家跨国公司的原料产地和污染企业转移的目标地，又由于长期以来国内环境保护立法标准低、处罚低，因此环境保护政策的调整极有可能引发基于公平公正待遇的国际仲裁。之前的国际仲裁实践对东道国管理性措施调整的要求比较严格，构成国家责任的可能性较高。而近十年来发生的上述国际仲裁至少在环境保护这个领域为东道国国内管理性措施的调整提供了一定程度的保护，如文中提到的 Merrill 案弃用了 Glamis 案严格参照 Neer 案来判断是否违反公平公正待遇的标准，承认由于国际实践和经济贸易的发展，国际法对是否违反公平公正待遇的判断标准也应当随之产生一定的发展；S. D. Myers 案，Pope&Talbot 案，Mondev 案，Waste Management 案，Methanex 案也都不同程度地支持了东道国政府的决策，从而为东道国环境政策的制定留下了更大的空间；Parkerings-Compagniet 案同时明确了东道国在有合法因素的情况下有权对外国投资者进行区别对待，进一步为东道国管理性措施的制定划定了相对更为明确的空间。

上述案件带来的在是否违反公平公正待遇的判断标准上的一系列变化显示了在国际司法实践过程中由于环境保护因素的介入，以往更为偏向投资者保护的有关国际投资法原则正在朝着平衡东道国和投资者双方利益的方向，甚至是朝向更为重视东道国管理权的方向倾斜。这种判断标准的调整将对东道国的环境保护产生更为有利的影响。其中产生影响最大的是"投资者预期"的适用。在该标准的适用中，仲裁实践引入了"对东道国一般法律环境的预期"和"政府管理权与投资者预期的平衡"两个因素，为东道国政府管理权的行使争取了更大的空间，也给传统的公平公正待遇的判断标准带来的新的挑战。随着我国经济实力增长，经济发展对环境的负面影响也越来越突出。在积极参与国际规则制定、推动"一带一路"建设的过程中，我国将要面临的来自环境保护的压力将更为明显，因此深入细致地研究公平公正待遇的发展变化，及时跟踪最新案例带来的影响，能够为指导国内法律法规的立改废，保护国家利益以及公民、企业的海外投资做好准备。

第六章　对我国 IIAs 缔约实践的启示

前文论述了晚近环境保护与国际投资之间在缔约实践和仲裁实践的过程中相互融入、互相影响的过程，并对国际上的缔约实践、仲裁实践进行了总结和归纳。环境保护是目前国际社会的热点问题，从目前来看这一热点没有任何降温的趋势。联合国大会于 2015 年 9 月通过了《改变我们的世界——2030 年可持续发展议程》（以下简称 2030 议程），在全球范围内进一步促进可持续发展的全面落实，其中很多内容都与环境保护有关；我国"十三五"规划的很多内容与 2030 议程不谋而合，因此国务院统一组织了 2030 议程在中国的全面落实工作，上述事件表明环境问题已经成为推动我国发展、帮助我国谋求国际规则制定话语权的重要问题。此外，近年来与环境问题有关的争端有增无减，这方面的国际司法实践也因此不断发展，与此有关的国际法规则也开始有了新的发展。正如 Merrill 案裁决中所说，"习惯国际法并没有冻结，它一直伴随国际社会的现实情况在发展"[1]。事实上，不断发展的并不仅仅是习惯国际法，《国际法院规约》第 38 条规定的整个国际法渊源所涵盖的领域都在伴随着国际社会的现实情况不断发展。

---

〔1〕　Merrill & Ring Forestry L. P. v. The Government of Canada, Award, UNCITRAL para. 193.

第一节　我国 IIAs 缔约工作及主要问题

多年来，我国缔结的双多边投资条约都有纳入环境条款的具体实践。有不少学术著作都认为我国签订的双边投资协定超过130 个，[1] 本文以商务部官方网站公布的生效 BITs 和 FTAs 为研究对象[2]（截至 2015 年 12 月 31 日），我国对外缔结且已生效的"相互鼓励和保护投资协定"为 104 个，自由贸易协定（含中国东盟全面经济合作框架协议，不含港澳台地区）11 个。[3]

由于我国长期奉行"先污染、后治理"的理念，也因为我国对外缔结 IIAs 缺少统一的战略规划和部门协调，在缔约过程中长期缺少对环境问题的关注，因此我国缔结的 BITs 和 FTAs 长期缺少与环境保护有关的内容。在所有 104 个生效 BITs 中，仅有 8 个含有环境保护有关的内容，占 7.6%。这 8 个 BITs 是我国分别与新加坡（1985 年）、毛里求斯（1996 年）、圭亚那（2003年）、马达加斯加（2005 年）、乌兹别克斯坦（2011 年）、日本和韩国（2012 年）、加拿大（2012 年）、坦桑尼亚（2013 年）签订的。从 BITs 分布的年份可以看出，环境保护内容稳定地出现在我国的相互鼓励和保护投资协定的内容里是从 2011 年与乌兹别克斯坦签约开始的。此后所有的 BITs 都或多或少地含有环境保护内容。而之前与新加坡、毛里求斯、圭亚那、马达加斯加

---

〔1〕　罗平："美国 BIT 范本（2012）'环境规则'及中国对策"，华东政法大学2014 年硕士学位论文；张寒："美国 BIT 的最新发展及对我国完善双边投资协定的启示"，载《武大国际法评论》2013 年第 1 期。

〔2〕　"我国对外签订双边投资协定一览表 Bilateral Investment Treaty"；"中国自由贸易区服务网"。

〔3〕　与我国缔结自由贸易协定的国家和地区分别是东盟、巴基斯坦、智利、新西兰、新加坡、秘鲁、哥斯达黎加、冰岛、瑞士、韩国和澳大利亚。

的 BITs 中出现环境保护内容仅能理解为一种偶然事件。

环境保护在 FTAs 中的体现要比在 BITs 中的体现好很多。在所有 11 个 FTAs 中有 7 个包含有环境保护的内容，占 64%，分别是与新西兰（2008 年）、秘鲁（2009 年）、哥斯达黎加（2010年）、瑞士（2013 年）、冰岛（2013 年）、韩国（2015 年）和澳大利亚（2015 年）签订的。

随着环保意识的加强和全球环境问题的不断恶化，环境保护已经成为国际政治对话中无法回避的话题，也越来越多地进入包括国际投资条约在内的各种双多边条约中。与此同时，伴随近年来多边国际司法机构的发展，与环境有关的争端越来越多地被诉诸国际司法解决，在条约规定不严谨的情况下导致在适用过程中难以合理预计案件的发展走向，同时也难以规范国内的管理性措施的制定和实施。综合分析各种环境有关的法律风险，制定前瞻性的缔约谈判战略迫在眉睫。

1.1 环保条款缺少统一标准

从我国签订的包含环境条款的 BITs 的年份可以看出，环境保护内容较多地出现在我国的相互鼓励和保护投资协定的内容里是从 2011 年与乌兹别克斯坦签约开始的。因此，环境保护作为缔约内容中的一个法律问题正式进入主管部门的视野最早也是在 2011 年以后，而且即使在 2011 年以后，环境问题依然不是主管部门关注的重点，缺少合理的事前规划和统一的表述。

纵观我国 BITs 中有关环境保护条款，主要有如下几种表现形式：其一，是序言部分，如我国与圭亚那签订的 BIT 以及同日本、韩国签订的三方投资保护协定。序言部分以倡导和鼓励性语言为主，如《中日韩自由贸易协定》序言中的"各缔约方均承认，通过放松环境措施来鼓励缔约另一方投资者进行投资是不适当的。为此，各缔约方均不得放弃或以其他方式减损此类环境措施去鼓励在其领土内设立、收购、扩展投资"。其二，是"禁止和限制"条款，通常采用"本协定的规定不应以任何方式约束缔约任何一方为保护其根本的安全利益，或为保障公共健康，或为预防动、植物的病虫害，而使用任何种类的禁止或限制的权利或采取其他任何行动的权利"这种表述方式，如我国与新加坡、毛里求斯的 BIT。其三，是"公平公正待遇"条款，如我国与马达加斯加签订的 BIT。其第 3 条第 2 款规定，"公正和公平待遇在法律或事实上的障碍主要系指，但不限于：各种对生产和经营手段进行限制的不平等待遇，各种对产品在国内外销售进行限制的不平等待遇，以及其他具有类似效果的措施。而出于安全、公共秩序、卫生、道德和环境保护等原因采取的措施不应被视作障碍"。这种规定的方式在我国 BIT 实践中如昙花一现，就此消失。其四，是"征收"条款，也是在实践中使用频率最高的，在我国与乌兹别克斯坦、加拿大和坦桑尼亚的 BITs 中都曾出现过。征收条款中包含环境保护内容的目的一般是用来排除政府调整环境保护的法律法规时构成间接征收的风险的，如我国与乌兹别克斯坦的 BIT 第 6 条第 3 款就明确规定："除非在例外情形下，例如所采取的措施严重超过维护相应正当公共福利的必要时，缔约一方采取的旨在保护公共健康、安全及环境等在内的正当公共福利的非歧视的管制措施，不构成间接征收。"

　　总结我国 BITs 在环境保护条款方面的实践可以发现，其内容多出现在"禁止与限制"和"征收"条款中，主要目的是为制定环境立法预留空间，排除因国内环境保护法律法规的调整而导致承担国家责任的风险。但从环保条款的使用频率和形式选择上无法看出是否使用和如何使用的前后连贯和内在逻辑性，有关环境保护的内容是否应当写入 IIAs 也无法从缔约实践的变迁中看出官方政策选择的演变。

1.2 环保条款使用的偶然性

在所有 7 个包含有环境保护内容的 FTAs 中，仅有《中华人民共和国和瑞士联邦自由贸易协定》和《中韩自由贸易协定》就环境保护问题设立了专门章节。值得指出的是，从序言、一般例外、投资等章节涉及环境问题的内容上也能直观地看出，我国在缔约过程中对于与环境问题有关的内容如何在条约约文中体现缺乏统一的规划和考虑，甚至没有考虑众多 FTAs 文本之间的相互一致。比如"一般例外"条款自中国新西兰 FTA 首次使用后便逐渐固定下来成为我国 FTA 的标配，但行文以转引 WTO 有关协定内容为唯一方式，既不能体现中国的特殊需要，亦不能反映时代的发展。而像《中华人民共和国和瑞士联邦自由贸易协定》这样设置环境专章的 FTA 完全是昙花一现，虽然这种做法有效地解决了 IIAs 与国际环境条约之间的潜在冲突，在我国 FTA 缔约实践中也是一种创新。

纵观我国 FTAs 缔约实践可以发现，有关环境保护问题最常使用的两类条款是序言条款和一般例外条款。其中"一般例外"条款自中国、新西兰 FTA 首次使用后便逐渐固定下来成为我国 FTAs 的标配，行文以转引 WTO 有关协定内容为唯一方式。这种方式虽然文字明确且方便缔约部门实际操作，但客观上增加了条约适用过程中的不稳定性，尤其是 WTO 协定有关条款的解释性注释内容，很难确定其在我国缔结的 FTAs 中的法律效力。就此连缔约部门本身也没有答案。序言条款在中国、冰岛 FTA 里形成之后，后续 FTAs 基本上完全沿用了它的文字内容，申明了环境保护问题的重要性。可惜的是，在最新的中国、澳大利亚 FTA 中这种序言条款又消失了。中国、瑞士 FTA 中出现的尝试解决

FTAs 与多边环境条约关系问题的条款，如昙花一现后再也没有出现过，不能不说是另一个遗憾。由于我国目前尚未解决条约的国内法效力层级问题，如果能在 FTAs 和 BITs 里规定其与多边环境条约的效力关系，将可以从条约的角度部分解决上述条约的潜在冲突。至于"不降低环保标准吸引外资""为环境立法预留政策空间"等内容也曾在我国 FTAs 缔约实践中出现过，但未能成为条约内容的稳定组成部分，其出现存在较大的偶然性。

1.3 缺乏对国际实践的系统总结

对比我国的缔约实践和 NAFTA、TPP 有关环境保护的内容可以清晰地发现，NAFTA 有关环境保护的条款在内容设计上是相对完善的，相关内容覆盖了序言部分、投资章节、一般例外三部分内容，其中第 1114 条第 1 款性质上属于"原则预留环境立法的政策空间"的条约条款表述方式；该条第 2 款属于"原则规定不能降低环保标准"的条约条款表述方式；第 1106 条第 6 款和第 2101 条属于"在条约中为具体环境事项预留立法的政策空间"的条约条款表述方式。在缔约实践中通常使用的七种规定环境保护问题的条约条款表述方式，NAFTA 就使用了四种。即使放在今天看，其约文行文的方式也是相当全面的。

TPP 的文本则在上述两个条约文本和国际司法实践的基础上对环境保护制度进行了更为细致的设计。从核心法律概念的定义、公众参与程序、争端解决、非政府当事方的参与途径等各方面作了详细的规定，不但完善了环境保护的制度设计，更认真参考了以往涉及环境问题的纠纷中国际司法机构关心的具体问题，从实践的角度对其进行规范，增强了相关条文的可操作性，大大提高了条约规范的实际法律效果。

综合上述例证，能够清晰地反衬出我国在对外缔结 IIAs 时缺少统一的战略规划和部门协调，在缔约过程中长期缺少对环境问题的关注和系统研究，因此我国缔结的 BITs 和 FTAs 长期缺少与环境保护有关的内容，近 5 年来即使在条约约文中出现了有关内容也多是偶然的，具体内容缺少前后呼应，多是以对方提供的谈判方案为准，难以体现我国在经济发展和改革进程中的实际需要。

第二节　对我国 IIAs 缔约工作的启示

2.1 将环境保护写入 IIAs 的必要性

对于将环境保护纳入国际投资协定的必要性，可以从以下几个方面进行阐述：

第一，是环境问题与环保意识的全球化。[1] 环保问题早在 20 世纪 50 年代以前就已经出现了，但真正的环保概念和环保意识却是随着后来的污染加剧而逐渐形成的，随着环保问题逐渐进入国际视野，人类意识到这不是一个局部问题，而是全球性问题。环保主义者认为国际投资与贸易的增长，以牺牲环境和子孙后代的生存权为代价，是导致全球环境恶化的罪魁祸首。[2] 某些投资主体，尤其是跨国公司通过国际投资把高污染企业转移到发展中国家，以求节约成本，最大限度地获取利润。为了规范跨

---

[1] 王艳冰："将环境保护纳入国际投资协定的必要性"，载《法治论丛（上海政法学院学报）》2009 年第 5 期；蒋红莲："国际投资与环境保护法律机制"，载《学术界》2008 年第 4 期；刘笋："国际投资与环境保护的法律冲突与协调——以晚近区域性投资条约及相关案例为研究对象"，载《现代法学》2006 年第 6 期；张淑苹、李俊然："浅谈国际投资与环境保护——兼论中国之法律对策"，载《广西金融研究》2008 年第 7 期；等等。

[2] 钟立国：《中国：WTO 法律制度的适用》，吉林人民出版社 2001 年版，第 329 页。

国投资行为，解决环境问题，实现可持续发展和绿色经济，对国际投资行为和投资政策进行反思成为必然的趋势。

第二，是跨国投资的影响。国际投资自由化对于东道国的生态环境的影响是一分为二的。[1] 发展中国家引进投资，有利于加快其经济发展，解决资金不足的问题；但由于缺乏相应的环境立法，使高污染、高能耗企业接踵而至，在某些地区造成生态灾难，20 世纪后期出现的八大公害充分证明了缺少必要的监管所带来的后果。

针对跨国公司污染转移的特征，有学者归纳为三个特点：隐蔽性、长期性、歧视性。[2] 关于跨国公司污染转移的动机，目前有三种假说：污染避难所说、环境成本转移说和市场失灵和政府失灵说。"污染避难所说"对国际贸易的环境效应进行了深入分析，认为发达国家的环境法规一般比较严格，因此将企业转移至环境法规相对宽松的发展中国家将获得明显的竞争优势，所以贸易自由化一方面减轻了发达国家的环境污染，另一方面加剧了发展中国家的环境污染。[3] "环境成本转移说"认为资源密集型产品的生产会对当地生态环境造成破坏，因而这类产品进行国际贸易时会产生环境成本转移。[4] 该假说将资源密集型产品的国际流动视为生态流动，因此资源密集型产品的"生态流动"造成发达国家向发展中国家的"环境成本转移"，从而使发达国

---

〔1〕　蒋红莲："国际投资与环境保护法律机制"，载《学术界》2008 年第 4 期。

〔2〕　叶萍、张志勋："论跨国公司污染转移的法律治理"，载《湖南科技大学学报（社会科学版）》2013 年第 6 期。

〔3〕　叶萍、张志勋："论跨国公司污染转移的法律治理"，载《湖南科技大学学报（社会科学版）》2013 年第 6 期。

〔4〕　吴蕾、吴国蔚："我国国际贸易中环境成本转移的实证分析"，载《国际贸易问题》2007 年第 2 期。

家改善了本国的环境质量，同时恶化了发展中国家的环境质量。[1] "市场失灵和政府失灵说"是指，因市场机制本身所固有的缺陷，不能正确地估价和分配资源，不能将环境成本内部化于产品和劳务价格之中，使得环境污染或环境成本外部化。[2]虽然学界对三种假说的定义还存在分歧，究其核心是指投资者选择从环境管理要求方面看廉价而有效率的区域投资，通过比较优势获得最大化的利润。[3] 更有甚者，为了保护对外投资，某些国家甚至要求投资东道国在一定期限内冻结环保法规；也有东道国为了吸引外资而主动降低环保标准。

关于国际投资与环境保护两者的关系，通常认为二者既可以相互促进，也可能相互产生不利影响。从国际投资对于环境保护的影响角度看，国际投资如果通过恰当的资金和技术转移的确可以提高发展中国家的污染治理能力和资源利用效率，但并非所有的跨国公司都会使用较高的环保标准，世界各地出现的各种污染灾害许多和跨国公司有着不可分割的联系。因此，必须通过 IIAs 有关条款内容的调整对污染转移进行必要的限制。

第三，是国际法发展的必然。正如 Merrill 案指出的，国际法是一个不断发展的领域，它会伴随社会的发展变化而作出相应的调整。

对如何平衡投资保护和环保义务的冲突的问题，不少研究在总结现有问题的基础上提出了建议。有观点认为，我国目前外资

---

〔1〕 叶萍、张志勋："论跨国公司污染转移的法律治理"，载《湖南科技大学学报》2013 年第 6 期。

〔2〕 叶萍、张志勋："论跨国公司污染转移的法律治理"，载《湖南科技大学学报》2013 年第 6 期。

〔3〕 王艳冰："将环境保护纳入国际投资协定的必要性"，载《法治论丛（上海政法学院学报）》2009 年第 5 期。

造成环境污染的原因主要有:[1] 国内立法环境标准较低、地方政府为单纯追求经济增长，以牺牲环境为代价对外许诺优惠条件、跨国公司将高污染企业建设在我国境内、治理跨国公司污染的法律依据不足、外资审批不严、环境信息公开制度不完善等。从国内层面,[2] 其一，考虑完善国内立法。修改环保法、贸易法和投资法，做好各部门法之间的协调和衔接；尝试统一外资立法，变三资企业法为外资法，条件成熟时可出台控制跨国企业污染转移的专门立法。其二，加强相关执法，强化环境领域的法律监督。首先要严格外资审批制度，坚持环保审批严格把关。其次要建立环境信息公开制度，将外国投资环境评估与影响放置于公众监督之下，便于监督管理。其三，要加快完善环境标准体系，制定国家环境政策和执行环保法规的相关评估依据和法律标准，确保内资、外资一体化，避免实践中的双重标准，彻底改变我国环保立法水平低、缺乏制裁手段和执法不严的现状。上述三个方面已经成为目前国内环境保护工作的重点，而在国际法层面，重视环境保护，将环境保护的内容写入 IIAs 也就显得十分重要。

---

〔1〕　张淑莘、李俊然：“浅谈国际投资与环境保护——兼论中国之法律对策”，载《广西金融研究》2008 年第 7 期；叶萍、张志勋：“论跨国公司污染转移的法律治理”，载《湖南科技大学学报》2013 年第 6 期；梁丹妮：“投资保护与环境保护利益平衡机制初探——以《中国—新西兰自由贸易协定》为起点”，载《求索》2009 年第 10 期；王晶：“国际投资法中的环境利益平衡规制研究”，浙江大学 2011 年硕士学位论文；张虹雨：“国际投资协定与国内环境措施的法律冲突与协调”，中国人民大学 2011 年硕士学位论文。

〔2〕　张虹雨：“国际投资协定与国内环境措施的法律冲突与协调”，中国人民大学 2011 年硕士学位论文；张淑莘、李俊然：“浅谈国际投资与环境保护——兼论中国之法律对策”，载《广西金融研究》2008 年第 7 期；叶萍、张志勋：“论跨国公司污染转移的法律治理”，载《湖南科技大学学报》2013 年第 6 期。

2.2 环境保护在 IIAs 中的作用

环境保护在 IIAs 中的作用实际上包含两个方面：

第一，保障缔约国政府根据国内实际情况行使管理权（Police Power）的合法性，降低或排除构成国家责任的风险。由于调整国内环境政策法规已经成为东道国行政行为不可避免的情况，而从国际司法实践的角度，如果缺少明确的条约规定，这种政策调整又极有可能构成对投资者的侵害从而构成国家责任，因此在形式上加入了环境保护的内容以确保条约在形式上的政治正确之后，技术上真正的努力方向在于国家责任风险的降低或排除，这一点可以说是 IIAs 环境保护义务与投资者保护义务的关系中最为核心的地方。为了实现这一目标，IIAs 中环境保护义务的内容显然应该包括环境条约与 IIAs 的关系、国内环境法的定义、政府管理权的合法性、争端解决等内容。

第二，在推动投资自由化的基础上，维持和提高东道国环境保护的水平，加强环境保护方面的合作与投资。前文曾经论述过，环境保护在 IIAs 中的出现在理念上涉及两个方面：一是可持续发展概念的普及，二是投资自由化理念的出现。上述两个观念的融合发展推动了以投资促进污染治理的想法在各类含有环境保护内容的条约中的落实，IIAs 也不例外。

基于上述两个核心作用，IIAs 中环境保护义务与投资者保护义务的关系随人类经济社会发展水平的变化呈现了四种形态：宣示，两者之间投资者保护义务远胜于环境保护；合作，以投资促环保，实现可持续发展；制衡，明确政府管理权的合法性，给环境政策调整足够的空间；促进，在制衡的基础上提高环境保护标准，通过多边条约达到保护资本输出的目的。前三种关系的代表分别是传统的 IIAs，以 NAFTA 为代表的新型 IIAs，2012BIT 范本，而最后一种关系的代表性国际文件当属国际能源宪章和跨太平洋伙伴关系协定。

2.2.1 国际能源宪章（International Energy Charter，IEC）有关环境保护的新发展

2015 年 5 月 20~21 日，以 ECT 缔约方为主，并有其他国家参加的 IEC 部长级会议在荷兰海牙举行，与会国家在会上签署并公布了 IEC 及其相关文件。IEC 在 EEC 和 ECT 的基础上对国际能源开发、贸易及合作等问题进行了新的阐述。其中，对于环境保护问题的阐述在原有基础上也有了新的发展。可惜的是，IEC 和 EEC 一样是一份签署国之间有关能源领域合作的政治意向的宣言，没有法律约束力，也没有任何金融方面的承诺。[1]

在 IEC 的 16 页正文中先后有 25 处提到了"环境保护""环境友好""环境关心""可持续发展"等与环境保护相关的内容。[2] 在具体内容上，IEC 环境保护新发展的最大亮点是明确指出"能源安全""经济发展"和"环境保护"是三个相互影响的问题，其三者间的平衡是目前面临的新挑战，也是人类迈向可持续发展需要解决的问题。任何国家，无论其经济发展阶段如何，其能源安全、生产、消费、贸易等都需要建立在环境友好、经济可持续的基础上。[3] 这是国际投资条约发展过程中第一次明确能源安全、经济发展和环境保护之间的相互影响关系并将环境与经济的可持续列为能源领域的基础，无疑将环境问题的重要

---

〔1〕"International Energy Charter（2015）- Energy Charter", accessed December 18, 2015, http：//www.energycharter.org/process/international-energy-charter-2015/.

〔2〕Energy Charter Secretariat, The International Energy Charter Consolidated Energy Charter Treaty with Related Documents, 2015, 10 - 15, http：//www.energycharter.org/process/international-energy-charter-2015/.

〔3〕Ibid, 11.

性提高到了新的高度。

IEC 在随后的内容中重申了 EEC 序言和其他部分关于环境保护的内容。再次强调了各方在环境保护方面具有的共同利益；明确能源的供应、管理、使用与环境保护之间存在互相影响的关系；指出环境保护在能源生产、使用的整个过程的重要性。[1]又在正文第一部分"目标"和第二部分"执行"两节内容里对 EEC"目标"和"执行"部分的内容进行了重申和发展。在"目标"前言部分明确要求能源发展应在一个社会可接受、经济可行、环境友好的基础上进行，[2]同时要求缔约方在制定国内政策时考虑"环境关切"，[3]并在"目标"具体要求部分指出，缔约方"应在可持续发展的基础上，制定稳定及透明的能源发展法律框架"。能源效率和环境保护本身意味着"促进一种能源组合，它自始至终以一种具有成本效益的方式、被设计用来最小化负面环境后果"。[4]"目标"部分的环境要求重申了对环境问题的关注，强调了能源领域环境合作和高效使用能源对降低环境负面影响的重要性。

"执行"部分将 EEC 要实现的目标细化为八项，分别是能源资源准入及发展；市场准入；能源贸易自由化；促进并保护投资；安全原则与指导方针；研究、技术发展、创新与传播；能源效率、环境保护及可持续的清洁能源；教育与培训，[5]并在"能源效率、环境保护及可持续的清洁能源"一节再次明确各缔约方一致认为在"高效使用能源、可再利用能源发展、与能源相

---

〔1〕 Ibid, 11.

〔2〕 Ibid, 11-13.

〔3〕 Ibid, 13.

〔4〕 Ibid, 13.

〔5〕 国家发展和改革委员会能源研究所：《能源宪章条约（条约、贸易修正案及相关文件）》，世界知识出版社 2015 年版，第 7~11 页。

关的环境保护领域，合作是很有必要的"。本部分重申了在执行过程中推动能源使用、研发以及环境合作的必要性。"执行"部分最开始就明确"为了实现上文（目标部分）制定的目标，需要尊重各国的自然资源主权、各国在尊重国际义务的前提下制定规范其领土内能源运输、转换等活动的法律法规的权力，以及在能源政策领域的合作，而上述内容均应建立在非歧视、市场价格条件和考虑环保因素的基础上"。[1] 随后在"执行"部分的第 1 项"能源资源发展准入"、第 3 项"能源贸易自由化"和第 7 项"能源效率、环境保护、可持续发展和清洁能源"三项内容中分别加入了环境保护、可持续发展等相关的内容，将环境保护要求、经济发展、商业要求明确为制定和执行能源政策目标时应统筹考虑的必要因素。这种将环境保护要求和商业要求、经济发展放在同一层面进行考虑的做法虽然不能改变环境规则的软法性质，但在实践中已经将环境保护问题提到了一个新的高度。

IEC 的第三部分"具体协定"虽然内容宏观，没有过多提到环境保护问题，但是也明确了"环境保护"是下一步各缔约方达成具体协议的一个部分。[2]

作为专门规范能源领域投资的国际协定，ECT 环保规则的发展经历了 EEC、ECT 和 IEC 三个阶段。从 EEC 阶段的政治宣言逐步过渡到 ECT 阶段的条约义务体现了环境保护问题日渐突出给国际社会带来的压力。早期环境保护条款通常都是原则性的，缺少针对性和明确的定义，这在 EEC 的内容中有清晰的体现。虽然在进入了 ECT 阶段后，环境保护义务已经从政治宣言变成了条约义务，由于缺乏确定性，实际上造成了环保义务难以落

---

〔1〕 Energy Charter Secretariat, *The International Energy Charter Consolidated Energy Charter Treaty with Related Documents*, p. 16.

〔2〕 Ibid, 20.

实。虽然 ECT 条文明确了"环境影响"的定义，并对"环境影响"采取了当时流行的最大化的范围界定，体现了环保规则在IIAs 缔约实践中的进步，但由于没有明确"环境保护"在能源开发、开采、运输、适用过程中的具体地位，以及在缔约方能源政策制定过程、经济发展中的定位，使得环境保护在整个能源生产和消费的过程中都属于一种附属地位。IEC 的出现，改变了环境保护在能源生产、消费全过程的地位，其不但明确了"能源安全""经济发展"和"环境保护"是三个相互影响的问题，而且明确指出三者间的平衡是人类迈向可持续发展必须解决的问题。此外，IEC 还在"目标"和"执行"部分明确指出了环境保护在能源资源准入、能源贸易自由化、能源效率、清洁能源等问题中的重要性，并对缔约方在上述环节落实环境保护目标提出要求。虽然 IEC 和 EEC 一样，是一份没有法律约束力的政治宣言，但作为 ECT 发展的最新阶段，其对环境保护的定位体现了目前国际发展的最新动向，其中将环境保护和经济社会发展放在同等重要的位置进行规范的做法将环境保护的必要性提高到了新的高度。

从 EEC 到 ECT 再到 IEC，无论是环境保护还是投资保护，我们都能从其约文中看到能源效率、环境保护及可持续的清洁能源、教育与培训、能源相关的环境保护合作等内容。从中可以清晰地看出可持续发展理念对投资者保护与环境保护之间合作共赢的影响以及尝试。

2.2.2 以环境保护促进海外投资——TPP 的实践

2016 年 2 月 4 日，TPP 正式签署。TPP 是目前十分重要的一份自由贸易协定，其前身是"跨太平洋战略经济伙伴关系协议"，最初由亚太经济合作组织成员国中的新西兰、新加坡、智利三国于 2002 年在墨西哥的 APEC 峰会上发起。三国在当时的目的是进行 FTA 的谈判。2008 年 2 月，美国加入谈判，最初仅就金融和投资议题进行了磋商。同年 9 月，美国正式决定全面参与 TPP 谈判，澳大利亚、秘鲁同时加入。2009 年 11 月，美国提出扩大协议覆盖面，将"跨太平洋战略经济伙伴关系协议"更名为 TPP 并开始主导谈判。

虽然从现有的缔约实践看，TPP 的文本本身是一份前所未有的覆盖范围全面的自由贸易协议，其设定的标准也更为"明确"，可操作性更强，就其中涉及的投资与环境保护的内容看，TPP 规定的大多数内容是在总结了之前 NAFTA、NAAEC 和 ECT 实践经验的基础上进行的汇总编纂，在规范环境保护与投资保护的具体内容和约文表述上虽没有太多突破性的进展，只是将 NAAEC 有关的非强制性措施部分升级为 TPP 的条约义务，如环境保护的公众参与等，并将某些专门性的多边环境条约的核心内容变成了 TPP 环境专章的部分条文，但其条文设计总结了以往条约的经验，也能看出其对多年来国际司法案例对某些国际法原则的解释进行了梳理，并在条文中作了相应的体现。可以说，TPP 的环境保护制度设计是近年来国际缔约实践和司法实践的集大成者。

同时，由于有大量发展中国家参与，TPP 一个明显的后果就是如果这些发展中国家严格执行 TPP 中有关环境保护和劳工保护的规定，则势必会带动美国、澳大利亚、日本等发达国家在上述地区投资的扩大，提升投资者保护的程度和外国资本在东道国的竞争力。这种通过环境保护推动对外投资并加强投资者保护的方式是以往的 IIAs 在实践过程中没有出现过的。

TPP 中有关环境保护的内容主要体现在：[1] 序言部分第 9、12 两段；第一章第 1.2 条原则规定了 TPP 与其他协定的关系；第九章第 9.15 条规定了投资与环境、卫生和其他管理目标；第 9.16 条规定了企业的社会责任；附件 9B 第 3 款 b 项以及第二十章"环境"章节。其中尤以第二十章的规定最为全面，在目前的各种 FTAs 文本中独树一帜。

前文所述 TPP 的环境保护法律制度构成的四个部分中，前三点内容自 NAFTA 以来已经成为 IIAs 缔结过程中反复出现的常规内容，在许多此类条约中均可以看到实例。TPP 在此做出的进步仅仅是将有关内容变得更为细致，创新之处并不多。整个环境保护法律制度最突出的进步集中体现在第二十章的内容里。从该章条款的结构和具体内容中能够清晰地看到 NAAEC 的影子，比如公众参与程序与 NAAEC 的个人申请制度十分类似，环境委员会的设立也类似于 CEC 的角色，而以磋商为主的争端解决方式跟 CEC 解决争端的方式也如出一辙。如果说美国主导了后期 TPP 的谈判和签署，那么可以确定的是，当年布什和克林顿政府在 NAFTA 中没有实现的环境目标在 TPP 中得到了实现，而且是在总结了近 20 年来有关环境保护国际司法实践的基础上得到了实现。

第一，明确了定义、目标和缔约方调整环境法律和政策的"主权权利"。NAFTA 生效后，根据其相关条款提起的涉及环境问题的投资仲裁案件有很多，包括但不限于 Ethyl 案、S. D. Myers 案、Metalclad 案、MTBE 案、Tecmed 案、Glaims Gold 案、Waste Management 案等。上述案件仲裁过程中都涉及一个问题，

---

[1]　有关 TPP 的约文内容参考了商务部国际贸易经济合作研究院翻译的中文参考文本，载 http：//www. caitec. org. cn/article/gzdt/xshd/201512/1453. html，最后访问时间：2015 年 10 月 21 日。

即政府以保护环境为名采取的管理性措施是否违反了缔约国在NAFTA 项下承担的条约义务。而讨论这一问题的前提是缔约方制定、采取或修改其环境法律和政策的主权权利并没有在条约中得到明确的确认，也没有明确"环境法"在条约里的概念和覆盖的国内立法范围。上述案件中，大部分以东道国的败诉告终。

为了尽可能地避免上述情况的重演，在第二十章前三条中，TPP 明确了"环境法"的定义，确立了"高水平的环境保护和环境法律的有效实施"的目标，并对缔约方"制定、采取或修改其环境法律和政策的主权权利"进行了确认。虽然此次环境法的定义排除了"劳工安全和健康直接相关的或首要目的为管理自然资源的生存或土著居民收获的"法律、法规或其中的条款，但终究还是为明确"环境法"的概念作出了条约实践中的有益尝试。而明确了缔约方"制定、采取或修改其环境法律和政策的主权权利"，意味着为缔约方制定和调整有关环境保护的管理性措施提供了清晰的条约法依据。上述两条内容为解决此类国际纠纷铺平了道路。第 2 条确立的"高水平的环境保护和环境法律的有效实施"的目标则会为 TPP 约文的解释提供更有利于环境保护的依据。因此，上述三条内容结合起来相当于明确了缔约方调整有关环境保护的政策和法律的空间，最大可能地消除了管理性措施制定和实施过程中的模糊地带。

第二，设立公众参与制度、规定了程序事项。TPP 第二十章第 7、8、9、10、11 条规定了公众参与的制度和有关程序事项，为个人和其他缔约方就环境保护问题提出申诉设计了渠道。该部分内容要求缔约方应保证相关信息向"公众公开"，并要求缔约方为利益相关人设置申诉渠道。同时，TPP 要求缔约方对"实施本章信息的请求予以考虑"，这条规定本身并未对主体资格进行限制，因此可以理解为"个人"有权依据 TPP 申请缔约方公开履行环境章节的相关履约信息。从同类条约的执行情况看，有能力启动申请程序的"个人"实际上就是 NGOs、各类投资和投资人。第二十章第 9 条进一步规定了缔约方应将"答复向公众公开"，这就意味着缔约方应当就与环境有关问题的咨询进行答复并将答复内容公开。为了确保有关环境规则的落实和缔约方之间的沟通，TPP 进一步规定各缔约方应当将有关"未能有效实施其环境法律"的意见通知其他缔约方，这就将一个国内的法律实施问题推进到国际层面（TPP 环境委员会）进行探讨。这一规定的效果有可能涉及干涉内政，同时也给环保水平较低的国家在国内政策制定方面带来了相当大的压力。

整体上看，TPP 的这套制度强化了国内个人申请的实际效果，通过其他缔约国介入的方式提升了个人申请的影响力。这种制度设计应该是 TPP 在环保问题上的一个创新。而从制度设计本身很容易看出 NAAEC 个人申请程序的影子。虽然对 NAAEC 个人申请程序依旧存在比较大的争议，但从目前的阶段性效果看，NAAEC 的委员会公布了 22 份事实记录，的确有效地督促和推动了美加墨三国有关环境保护国内规则的演进和提高。

这里最大的不同是 NAAEC 的个人申请是 NAFTA 的一个附件程序，而 TPP 的个人申请则是拥有强制力的条约程序。如有意见（包括个人申请）认为某一缔约方未能有效实施环境法律，其他缔约方可要求环境委员会对该书面意见和答复进行讨论，并要求使用专家和现存制度性机构向环境委员会提交报告，报告由"基于该问题的相关事实的信息组成"。从约文规定的程序和目的看，向环境委员会提交的报告和 NAAEC 要求的"事实记录"也十分类似。

第三，设立了环境委员会和磋商制度。第二十章第 19、20、21、22 条要求设立一个环境委员会并制定了磋商制度。磋商制度共分三个级别，包括环境磋商、高级代表磋商（专门委员会代表）和部长磋商。环境委员会和磋商制度相互衔接，在非特殊情况下就磋商内容均要求信息公开，势必能够在环境保护问题上给缔约方政府形成较大的国际压力。

第四，规定了争端解决制度。如果环境委员会和磋商制度未能解决缔约方之间有关环境问题的纠纷，则有关缔约方可以将纠纷提交依据 TPP 争端解决条款设立的专家组，这是一个类似于世界贸易组织争端解决机构的纠纷解决机制。如果说之前国际仲裁庭对于涉及环境问题的案件作出的裁决在法理解释、法律原则适用等方面存在诸多不一致，造成了国际投资法领域的碎片化，导致各国在调整国内环境政策时极难预知产生的后果，那么统一的环境纠纷解决机构则可以避免这一问题。此外，TPP 争端解决机构专家组作出的报告是具有法律约束力的文件。

因此，从 TPP 有关环境保护法律制度的设计可以明显看出它深入总结了国际司法实践和缔约实践的双重经验，融合了 NAAEC 和世界贸易组织争端解决机构的共同特点，体现了国际法内在的延续性，为涉及环境问题的纠纷开创了一条国际司法的通道。此前，ICJ 曾有设立环境问题特别分庭的实践，但由于种种原因未能成功。目前尚无法推测 TPP 争端解决机制的实际效果，如果能够成功，它将成为解决环境保护问题的开创性的国际司法实践。

综合 TPP 有关环境保护的主要内容并将其与美国 2012BIT 范本的有关内容进行比较可以发现，对于政府管理权的合法性、国内环境法的范围、多边环境条约的效力、争端解决等涉及投资者与东道国之间争端解决的核心法律问题，两者都有了较为清晰的规定，不同的是在 TPP 中上述如国内环境法的范围等内容不是规定在投资章节，而是出现在了"环境"章节。美国 2012BIT 年范本里没有，而 TPP 里详细规定的一个重要问题是有关环境问题的国家间争端解决方式，涉及磋商、公众参与、仲裁或司法解决等内容，这是一般的 IIAs 内容中所不包含的。上述内容的出现实际上赋予了一缔约国可以通过争端解决程序对其他缔约国国内环境法规的立、改、废以及执行的各个环节进行干预的可能性，通过这种干预，环境保护标准较高的国家可以有效地对环境保护标准较低的国家施加压力，为本国的资本输出创造更有利的环境。环境保护条款这种功能上的扩张在以往的条约中并未出现过，并不是说环境条款本身有了太大变化，而是由于争端解决程序设计的改变为环境保护内容的具体落实提供了更好的保障，从而为发达国家的资本输出提供了更大的优势。当然，上述内容都是学术上的一种推论，具体实施效果如何还有待实践的检验。

从 IEC 和 TPP 有关环境保护的内容可以看出这样一种趋势，在可持续发展和全球化观念的影响下，IIAs 中关于环境保护与投资保护的关系已经发生了根本性的变化，从原来的不重视环境保护进入到明确环境保护与投资保护协调发展、相互促进的阶段。如果说 IEC 的规定更侧重的是能源有效利用和环境保护的协调发展，那么 TPP 可能已经在这个层面上又向前迈进了一步，那就是通过环境保护的强化带动对外投资的扩张。虽然这一点的实际效果还有待进一步考证，但从 TPP 的条文内容尤其是争端解决制度的设计已经可以预估出这一效果了。

反观我国在缔约工作中的实践，似乎并没有进入以发展理念和战略目标为指导进行 IIAs 条文设计的层次。

2.3 对我国 IIAs 缔约工作的建议

综合全文对于 IIAs 国际缔约实践的分析和环境有关争端的案例分析，可以发现一个清晰的现实，即在全球化的大背景下，环境与投资的关系正在变得越来越错综复杂。首先，环境保护的内容越来越多地被写入 IIAs，这种融入也在一定程度上重塑了 IIAs 的结构和内容；其次，由环境问题引发的国际争端在各个仲裁庭的不断实践中引发了对投资待遇的具体问题的适用和重新界定，这种实践也导致了新一轮对于管理性措施边界的探讨，也就是对东道国政府管理权具体边界的探讨。从前述分析可以看出，我国在对外缔结 IIAs 的过程中并没有深刻地意识到这个问题，也没有为长远地应对上述问题积聚研究力量和应对方案。本文认为，从现实和长远的角度看，应对国际法规则在全球化背景下的发展演变应该至少做好以下几个方面的工作：

首先，从宏观工作的角度，要加强对国际司法实践的梳理和总结，研究、发现并尊重国际法发展的自身规律。国际法是一个不断发展变化的体系，但其发展变化有其自身的规律，其中十分重要的一点就是众多国际司法案例对于国际法原则的塑造和推动。正如前文提到的，TPP 环境制度的设计与 NAFTA、NAAEC 一脉相承，继承了原有制度的优势；同时，在总结各种典型案例的基础上又对条约实施过程中出现的制度风险进行了评估，在新的条约设计中通过设立新的制度尝试去解决原有风险。这种缔约工作方式充分尊重了前人的既有经验又兼顾了时代本身的发展要求，既体现了制度的创新，又尊重了国际法本身的延续性。

任何一项国际法原则都不是凭空产生的，其产生、发展和演变都是长期国家实践的结果，许多原则甚至可以追溯到罗马法时代。因此，我国的缔约工作首先要明确并尊重这些原则自身演变和发展的规律，然后才能在结合本国自身实践的基础上进行改良，使其更符合我国的利益，也符合可持续发展和环境保护的大目标。要完善双多边条约中环境条款的内容，强化缔约各方环境保护优先的基本态度，同时加强环保条款的实际操作性，完善一般例外、环境例外、国民待遇等条款内容，体现我国的环保要求；要深入细致地对 IIAs 的内容、结构尤其是核心条款进行全面的梳理，明确其在国际法全领域内的发展和变迁的历史过程及原因；同时对于我国几十年的缔约实践进行必要的总结，对我国 IIAs 文本的内容、结构及核心条款在总结经验的基础上进行重构，使其能够真正反映国际发展的潮流和我国的实际需要。

众所周知，可持续发展是 UNCTAD 倡导的新一代投资政策的核心原则，在新的 IIAs 中体现环境保护、可持续发展等理念并对此进行规范，同时为东道国环境政策的调整留下合理的空间将是未来多年 IIAs 条约中一个重要的主题，我国的缔约实践也不例外。在今后将要缔结的 IIAs 或制定的 BITs 和 FTAs 的范本中如何更好地体现上述理念，将是我国 IIAs 主管部门需要面对的一个重大课题。

从微观的角度，我国 IIAs 缔结的具体工作应当做以下四个方面的改进：

第一，明确环境条款的效力。现有的国际投资协定中，对于投资条款与环境条款之间的效力关系暂无协定作出过明确的规定，因此造成对于二者之间的冲突解决的方法是不确定的。要在缺少条约依据的情况下解决两者之间的冲突，需要融合科研机构的研究能力与实务部门的实践经验，使两者互为依托、相互支撑，从科研和实务两个方面对环境保护、投资保护以及两者之间的关系结合中国国情进行具体的利弊分析，着眼于长远的改革、发展，重新构架环境保护在我国 IIAs 中的地位和具体表述方式；要充分利用 OECD 分类中提到的条约序言中的一般表述、原则预留环境立法的政策空间、在条约中为具体环境事项预留立法的政策空间、规定非歧视的环境立法不构成间接征收、原则规定不能降低环保标准、规定环境问题与投资者—东道国争端解决的关系、促进环境保护与合作的一般性规定 7 种反映环境保护内容的约文表现形式，争取在约文中系统地体现我国国家利益的实际需求，并为应对未来变化打下良好的理论和实践基础。

针对 IIAs 领域有关环境保护的问题，在充分研究国际缔约实践的基础上，本文认为应当首先明确我国目前在投资的输入和输出方面均为大国的现状，在此基础上明确与环境保护有关的条款的设计应当兼顾这两个方面的特点。具体讲就是，首先，在保留序言条款等宣言性质的内容的条件下，尽可能地明确一般例外等能够起到为环境政策调整预留空间的条款所规定的条件，让政府部门在调整环境政策时有相对明确的依据可以参阅；其次，在 IIAs 中明确 IIAs 与多边环境公约的关系。有关这一点 NAFTA 第 104 条规定了其与国际环境公约的关系，明确了国际环境公约的优先效力。但遗憾的是，该条规定并没有彻底解决问题。在 SD Myers 案中，针对加拿大政府采取禁止 PCB 跨境运输的禁令，仲裁庭认为《巴塞尔公约》没有允许加拿大禁止 PCB 跨境运送。[1] 而且第 104 条规定的多边环境公约有明确的清单限定其范围，这就为新的多边环境公约与 NAFTA 之间的效力冲突问题埋下了伏笔。ECT 第 16 条[2] 有关 ECT 与多边环境公约之间的关系的规定也存在上述问题，该条看似规定了两者之间的关系，实际上在适用中并没有给出明确的方向。在 Vattenfall 案中，Vattenfall 公司认为德国汉堡市政府依据《欧盟水框架指令》要求其

---

〔1〕　Energy Charter Secretariat, 20.

〔2〕　如果两个或两个以上缔约国已加入之前的国际协议，或加入了之后的国际协议，这些协议条款在任何情况下都要参考该条约的第三或第五部分的主要内容。①该条约的第三或第五部分的任何内容都不需解释，以使其由于其他协议中此类条款的规定受到减损，或使任何该协议中有争议的权利受到减损。②任何其他协议中类似条款都不需解释，以使其由于该条约第三或第五部分中的规定受到减损，或使任何该协议中有争议的权利受到减损，该条约中的这种规定对投资者或投资更加有利。

电厂必须保证不能对易北河水量、水温和含氧量等产生影响的做法是不切实际的、非经济的。仲裁庭认同了这一看法，进而判定汉堡市政府的做法构成征收。综合上述实践，本文认为对 IIAs 和多边环境公约的效力关系应尽可能地明确。2012BIT 范本就明确了"环境法规"应当包括国内环境法律、政策，也应当包括双方共同参与的多边环境条约。TPP 进一步在其第 20.4 条明确了缔约方共同参与的环境条约的效力，同时确定了在出现纠纷的情况下协商解决的原则做法。这种规定方式虽然不能完全解决环境保护与投资保护的冲突问题，但至少从制度设计上肯定了双方的效力并为冲突的解决提出了可行的方案。

第二，对具体待遇条款进行重新设计。对 FET、国民待遇和最惠国待遇在国际司法实践中的具体运用进行研究和总结，挑选符合我国国家利益和全球化发展潮流的约文表达方式，并在此基础上形成我国自己的 BIT 和 FTA 范本，规范和引导条约谈判和缔结，并保持条款基本内容的一致性。

具体到 FET、国民待遇和最惠国待遇的约文表述，很重要的一点就是明确并统一上述问题的判断要素。本章对我国在缔约实践中就投资的具体待遇问题缺乏规律可循的问题进行过论证，标准的不稳定、不确定造成的直接后果就是投资者对其行为的后果缺乏预期。同理，政府部门对其管理性措施的制定后果一样缺乏预期。这就造成无论是投资者还是东道国对各自行为的判断都处于一种不稳定的状态，这种不稳定对投资者来说蕴含着极大的经济风险，对东道国来说则蕴含着极大的国家责任的风险。因此明确并统一投资者待遇的判断要素是规范目前缔约工作的当务之急。

第三，在条约中明确"环境法"的定义，因为确认了"环境法"的定义就几乎等于确认了政府在环境保护方面的管理性措施的边界，从源头上对管辖权、准据法选择、征收的确定等法律问题作出了立法上的回答，并将可持续发展和环境保护与贯穿全球化过程的"投资自由化"放在了同等重要的位置，甚至更高的位置，为更好地实施环境保护法律法规、平衡环境保护和投资利益带来了更大的可能。因此，即使不对其他有关环境保护的内容进行规定，单单是定义的明确就足以为有关环境保护法律法规的实施创造更好的外部环境，并为政府调整环境政策明确空间，使环境保护和投资保护之间的界限更为清晰，TPP 在实践中采用的也是同样的方法，十分值得借鉴。

　　第四，重新审视条约争端解决机制。与投资保护不同，IIAs 中的环境保护除了涉及缔约国和投资人外还会影响到其他机构和个人。这种情况在 NAFTA 谈判过程中就已经有了明显的体现。如果没有众多 NGO 的参与和压力，NAAEC 就几乎没有出现的可能，而个人申诉制度也就不会出现。在经历了多年的实践磨合之后，NGO 和个人直接参与到环境保护相关的各类案件中已经有了一套相对成熟的做法，并最终被 TPP 采纳，通过条约义务进行了强化。而各类国际司法案例对外资待遇标准也在尊重环境保护的基础上进行了相应的改进，包括管辖权、准据法选择、证据规则等问题也有了一定程度的调整。环境保护对于投资保护的制约已经不仅仅是一种趋势，从某种意义上已经成为一种现实，为了应对这种变化，则需要我们对 IIAs 的内容和案例实践进行系统的研究和提炼，结合我国的实际需要形成自己的方案。

　　近年来，国际投资仲裁案件数量急剧增加，被诉方大多是发展中国家。以阿根廷为例，其在经济危机后因国内货币政策调整而引发的仲裁案件超过 20 起，索赔总额超过 800 亿美元。随着我国经济的发展和外国投资的增多，纠纷势必越来越多。虽然目前针对我国的仲裁案件不多，但这种现状并非纠纷数量少，而是我们并不信任国际仲裁，因此将绝大多数纠纷解决在了协商阶段。不过这并不妨碍我们下一步将纠纷真正提交仲裁。这就需要我们对国际投资协定的争端解决条款进行重新设计。我国在加入1965年华盛顿公约时曾对公约作了保留，仅有关征收补偿数额的纠纷可以直接诉诸 ICSID，其他争端均"逐案审批"。然而从我国1998年与巴巴多斯缔结的双边投资条约全盘接受 ICSID 的管辖权开始，后续条约在争端解决方面一直采用这种模式。由于环境条款在条约中缺乏实际可操作性，将争端大量诉诸国际仲裁有可能会使本已被弱化的环保规定在强势投资条款的冲击下变得更为弱势，不但起不到保护环境的作用，反而被仲裁实践确定其低于投资条款的效力。因此，在涉及此类问题的纠纷中，应当明确保护东道国的现有法律规定和管理权，同时确保国内纠纷解决机制的优先效力。

第五，任何一件事业的完成最终依赖的都是人的因素。国际法领域除了条约缔结工作，司法实践也是推动国际法发展十分重要的一环。我国国际法的研究和起步比之发达国家相对较晚，人才的培养和积累严重不足，政府机构内部国际法人才匮乏，难以形成高水平的应对方案，加之"文化大革命"的破坏，使我国国际法人才出现了较为严重的断层。所以，加大人才培养的力度和耐心对于未来我国参与国际规则制定至关重要。

结 论

环境保护与投资保护的相互影响在早期的国际法体系中并没有表现出来，最早的与贸易和投资有关的条约甚至都不涉及任何环境保护的内容。随着全球环境的恶化和人类对于环境问题的严重性的认知，环境保护才逐渐成为国际社会的重要议题。可持续发展理念的产生更将环境保护与人类自身发展联系起来，从环境保护与社会发展相互促进的角度阐释了环境保护和社会发展之间的关系。这种相互影响、相互促进的关系为国际社会处理投资带来的环境影响奠定了价值观基础。

从本质上讲，环境保护与投资保护的冲突核心是环境保护重要性日渐凸显，在人类社会发展的过程中逐渐超越了"经济发展"和"投资自由化"的重要性，使得之前并未出现交集的两个因素在实践中产生了碰撞。这种碰撞最初导致的结果是负面的，即环境灾难的频发和全球环境的恶化。

华盛顿共识以来各国信奉的投资自由化的确为全球的经济增长提供了强大的动力，但其对环境造成的负面影响也不容忽视。为了应对由投资自由化带来的日渐恶化的环境问题，同时也为了对投资的流向进行一定程度的调整和限制，20 世纪 90 年代前后签订的 IIAs 中开始出现有关环境内容的条款。出现这种变化的原因：一是环境问题受到越来越广泛的重视，无论是个人、非政府组织、政府机构还是国际组织都在这一问题上倾注了大量的精力；二是某些国家，三要是发达国家，错综复杂的国内政治势力之间的角力成为条约制度设计和具体条款内容设计的直接诱因，一个典型的例子就是 NAFTA 中环境保护相关内容的出现。

从条约文本的规定内容看，环境保护与投资保护的相互关系经历了三个发展阶段。在最初的条约文本中，由于对环境保护的重视程度不够、实际经验不足等问题，环境保护仅仅是作为投资保护的附属内容出现的。而从缔约国的角度看，在当时的情况下将环境保护纳入 IIAs 的条款中更多的是出于一种"政治正确"的表态，而不是为了有针对性地去解决某些问题。这种情形最为典型的就是 NAFTA 和 NAAEC。由于 NAAEC 的附件性质，导致了环境保护内容的效力很难对主约文中的投资保护的效力形成有效的制约。此外，由于 NAAEC 规定的争端解决方式缺少强制力，对于环境法规执行不到位和违反环境保护措施的行为能够起到的制裁作用有限，从而导致环境保护的有关内容在条约中的实际效力比投资保护内容低的状况。另外，在当时的背景下，缔约国政府有关环境保护的国内管理权的行使与其承担的国际义务之间的冲突可能性似乎并没有进入条约拟定者的视野，因此也就没有作为一个核心问题成为当时的 IIAs 的其中一部分。这也导致了大量因东道国政府管理权行使引发的投资争议。

作为新一代 BIT 的样本，2012BIT 范本在总结前述问题及相关仲裁案例经验的基础上着力对投资保护与环境保护之间的关系问题以及相关法律问题进行了详细规定。最大的亮点是明确了因公共利益（含环境保护）而制定的国内管理性措施是不可诉的，这就大大提高了东道国调整国内环境保护措施的安全性，能够极大地促进环境保护水平的提高，也将环境保护内容的效力与投资保护内容在条约约文中等同起来。

作为最新一代 FTA 的 TPP 更进一步将环境法规的落实作为缔约国之间争端解决的对象之一，从而为拥有更高环保标准和环保技术的发达国家在资本输出方面创造了更为良好的外部环境，使环境保护成为资本输出的一个推动因素。

上述条约约文的变化和环境保护内容的日趋强化，在司法实践过程中对投资保护在程序规则和实体规则的判断标准上都产生了比较显著的影响。在程序规则上，目前可以看到的变化主要体现在案件管辖权的确定、准据法的选择和证据规则的改变。在实体规则方面，其冲突的主要原因是缔约国国内管理权的行使与其根据国际法所承担的义务之间的冲突。有关这一点最为突出的体现就是国内环境法规的调整对企业的经营及收益造成影响时有可能违反公平公正待遇和征收原则。这类问题在一系列国际投资仲裁案件中均有体现。在有关公平公正待遇的违反方面，对其判断标准影响最为突出的就是"投资者预期"。以往的条约和判例中较少出现因为"公共利益"（环境保护）而调整国内法规从而导致违反公平公正待遇的情况，也有条约规定所谓的"稳定条款"从而限制国内法的调整。在环境问题引发的投资仲裁大量出现的今天，东道国国内环境法规的适时调整是否应该成为投资者合理预期的其中一个部分，从而导致此类基于公共利益的环境法规的调整不再构成对公平公正待遇的违反，成为仲裁庭一次又一次面临的问题。虽然各个案件的裁决本身并不完全一致，但主流的态度认为类似环境法规的调整应该在投资者合理预期的范围内，从而不构成对公平公正待遇的影响，也不会构成间接征收。美国2012BIT 范本更是在其附件中直接排除了环境法规调整构成征收的可能性。

环境保护对于投资保护的影响目前尚未完全展现出来，依然处于一种发展过程中。TPP 有关投资、环境和争端解决的规定就恰好体现了这种进一步发展的态势。在 TPP 中，"环境法"成为缔约国之间争端解决的一项内容。TPP 对环境法进行了详细的定义，并确认了有关国际公约的准据法效力。不得不说这是环境保护与投资保护相互影响关系上的一次重要变化，很大程度上强化了国内环境法规的执行力，让国际监督成为推动国内环保法规落实的促动因素之一。同时，也为掌握先进环保技术、国内环保标准较高的国家的资本输出提供了新的法律保障。

国际法是一个不断发展变化的领域，环境保护与投资保护之间互相影响的关系在不远的将来也许会有进一步的发展变化。在全球化的背景下，学习国外法律制度的先进经验和总结梳理中国的利益需求并体现在现有法律制度中是一体两面的问题，具有同等的重要性。反观中国的 IIAs 中有关环境保护的内容，则令人十分惋惜。到目前为止，环境保护在我国对外 IIAs 的签订之中仍未有一席之地，并未出现在条约谈判部门的重要问题清单中。许多条款签订的必要性和签订后的影响基本没有严谨的利弊分析和论证，对有关案例更缺乏系统的研究梳理。因此，结合国际实践和国际法发展的自身规律，在总结中国实际利益需求的基础上得出具有中国特色、符合中国利益的环境保护条款对于目前的实际工作具有重要的价值。

参考文献

中文著作：

1. 邓正来：《谁之全球化？何种法哲学——开放性全球化观与中国法律哲学建构论纲》，商务印书馆 2009 年版。

2. 国家发展和改革委员会能源研究所：《能源宪章条约（条约、贸易修正案及相关文件）》，世界知识出版社 2015 年版。

3. 林灿玲：《国际环境法》，人民出版社 2004 年版。

4. 卢进勇、余劲松、齐春生主编：《国际投资条约与协定新论》，人民出版社 2007 年版。

5. 欧阳安：《国际法原理》，中国社会科学出版社 2011 年版。

6. 余劲松：《中国涉外经济法律问题新探》，武汉大学出版社 2000 年版。

7. 余劲松：《跨国公司法律问题专论》，法律出版社 2008 年版。

8. 余劲松：《国际投资法》，法律出版社 2007 年版。

9. 王铁崖：《国际法》，法律出版社 1995 年版。

10. 郑斌：《国际法院与法庭适用的一般法律原则》，法律出版社 2012 年版。

11. 周鲠生：《国际法大纲》，中国方正出版社 2004 年版。

12. 钟立国：《中国：WTO 法律制度的适用》，吉林人民出版社 2001 年版。

中文期刊：

1. ［英］阿兰·罗德芬、陈波（译）："国际商事仲裁——管辖权被否定：金字塔崩溃"，载《环球法律评论》1988年第2期。

2. 白中红："《能源宪章条约》的争端解决机制研究"，载《外交评论（外交学院学报）》2011年第3期。

3. 陈冰："国际投资中的环境保护法律问题浅析"，载《引进与咨询》2005年第9期。

4. 陈华、赵德铭："《华盛顿公约》中适用国际法问题探讨"，载《厦门大学学报（哲学社会科学版）》1989年第4期。

5. 陈建孝、段鹏飞："论美国2012年BIT范本中的环境保护条款"，载《法制与经济》2014年第16期。

6. 陈正健、陈明元："论国际最低待遇标准争议的实质"，载《山东工会论坛》2015年第3期。

7. 陈红彦："气候变化制度引入边境措施的现实困境及应对"，载《法学》2015年第1期。

8. 高岚君、魏敬霁："中国海外投资保护：东道国非宪法程序政权更迭下的分析"，载《武大国际法评论》2014年第1期。

9. 龚新巧："国际投资协定和我国环境措施的冲突和协调"，载《武汉轻工大学学报》2015年第1期。

10. 邓海珊："国际投资法中的公平与公正待遇标准研究"，载《才智》2012年第7期。

11. 傅亚东："《华盛顿公约》中适用国际法的问题"，载《陕西教育》2007年第12期。

12. 郭桂环："WTO框架下的动物福利与公共道德例外"，载《河北法学》2015年第2期。

13. 郭翎洁："国际法在国际商事仲裁中的法律适用问题"，

载《法制博览》2012 年第 6 期。

14. 韩秀丽："中国海外投资地环境保护——母国规制方法"，载《国际经济法学刊》2010 年第 3 期。

15. 韩秀丽："从国际投资争端解决机构的裁决看东道国的环境规制措施"，载《江西社会科学》2010 年第 6 期。

16. 韩秀丽："环境保护：海外投资者面临的法律问题"，载《厦门大学学报》2010 年第 3 期。

17. 韩秀丽："论比例原则在有关征收的国际投资仲裁中的开创性适用"，载《甘肃政法学院学报》2008 年第 6 期。

18. 韩缨："国际投资协定中'公平与公正待遇'之趋势——ICSID 最新仲裁案例评析"，载《社会科学家》2010 年第 9 期。

19. 贺艳："国际能源投资的环境法律规制——以《能源宪章条约》及相关案例为研究对象"，载《西安交通大学学报（社会科学版）》2010 年第 4 期。

20. 胡晓红："中外双边投资协定争端解决机制模式选择——以中国与上合组织成员国间 BITs 为视角"，载《甘肃政法学院学报》2009 年第 2 期。

21. 胡晓红："国际投资协定环保条款：发展、实践与我国选择"，载《武大国际法评论》2014 年第 1 期。

22. 胡晓红："论美国投资条约中的环境规则及其对我国的启示"，载《法商研究》2013 年第 2 期。

23. 江清云："环境措施与国际投资争端风险刍议——以瑞典 Vattenfall 公司诉德国政府为例"，载《河北法学》2014 年第 11 期。

24. 蒋新："能源宪章条约之争端解决机制探析"，载《求索》2012 年第 7 期。

25. 蒋新、周林峰："ECT 投资仲裁与 ICSID 机制比较研究"，载《湘潭大学学报（哲学社会科学版）》2009 年第 3 期。

26. 蒋红莲："国际投资与环境保护法律机制"，载《学术界》2008 年第 4 期。

27. 金慧华："国际投资与环境保护"，载《福建政法管理干部学院学报》2005 年第 3 期。

28. 寇顺平、徐泉："国际投资领域'间接征收'扩大化的成因与法律应对"，载《现代法学》2014 年第 1 期。

29. 李晓婧、荣丹萍："简评《能源宪章条约》中有关能源效率和环境保护的条款"，载《今日科苑》2007 年第 14 期。

30. 李武健："国际投资仲裁中的社会利益保护"，载《法律科学（西北政法大学学报）》2011 年第 4 期。

31. 李维："国际商事仲裁管辖权探析"，载《知识经济》2008 年第 4 期。

32. 李蕊："从美国司法判例看我国土地征收制度的完善"，载《广西社会科学》2005 年第 12 期。

33. 廖昌军、周承才："中国对外直接投资的环境保护问题及其对策探析"，载《财经分析》2010 年第 7 期。

34. 林灿铃："国际法的'国家责任'之我见"，载《中国政法大学学报》2015 年第 5 期。

35. 林灿铃："工业事故跨界影响的国际法分析"，载《比较法研究》2007 年第 1 期。

36. 林灿铃："论国际法不加禁止行为所产生的损害性后果的国家责任"，载《比较法研究》2000 年第 3 期。

37. 梁丹妮："国际投资条约最惠国待遇条款适用问题研究——以'伊佳兰公司诉中国案'为中心的分析"，载《法商研究》2012 年第 2 期。

38. 梁丹妮："投资保护与环境保护利益平衡机制初探——

以《中国—新西兰自由贸易协定》为起点",载《求索》2009年第 10 期。

39. 梁开银:"公平公正待遇条款的法方法困境及出路",载《中国法学》2015 年第 6 期。

40. 梁开银:"美国 BIT 范本 2012 年修订之评析——以中美BIT 谈判为视角",载《法治研究》2014 年第 7 期。

41. 刘万啸:"我国外商投资企业环境责任监督制度的完善",载《中国海洋大学学报》2013 年第 1 期。

42. 刘万啸:"气候变化背景下外国投资者与政府争端的解决——以我国双边投资协定为例",载《政法论丛》2012 年第 6 期。

43. 刘俊霞:"东道国的环境措施对征收的抗辩",载《现代法学》2015 年第 2 期。

44. 刘笋:"从 MAI 看综合性国际投资多边立法的困境和出路",载《中国法学》2001 年第 5 期。

45. 刘笋:"国际投资与环境保护的法律冲突与协调——以晚近区域性投资条约及相关案例为研究对象",载《现代法学》2006 年第 6 期。

46. 刘笋:"浅析投资准入阶段推行国民待遇的条约法的实践及影响",载《天津市政法管理干部学院学报》2003 年第 1 期。

47. 刘笋:"论投资条约中的国际最低待遇标准",载《法商研究》2011 年第 6 期。

48. 刘超:"论环境标准制度的环境侵权救济功能",载《华侨大学学报》2014 年第 3 期。

49. 刘连泰:"确定'管制性征收'的坐标系",载《法治研究》2014 年第 3 期。

50. 刘颖、封筠："国际投资争端中最惠国待遇条款适用范围的扩展——由实体性问题向程序性问题的转变"，载《法学评论》2013 年第 4 期。

51. 马迅："国际投资协定中的环境条款述评"，载《生态经济》2012 年第 7 期。

52. 毛俊响："国际人权公约权利限制的基本原则及其对我国的启示"，载《政治与法律》2010 年第 9 期。

53. 彭岳："国际投资中的间接征收及其认定"，载《复旦学报（社会科学版）》2009 年第 2 期。

54. 祁欢："论投资者的合理期待原则"，载《法制与社会》2013 年第 29 期。

55. 乔慧娟："论国际投资条约仲裁中的法律适用问题"，载《武汉大学学报（哲学社会科学版）》2014 年第 2 期。

56. 荣丹萍、李晓婧："《能源宪章条约》投资规范研究"，载《法制与社会》2007 年第 8 期。

57. 沈伟："论中国双边投资协定中限制性投资争端解决条款的解释和适用"，载《中外法学》2012 年第 5 期。

58. 沈虹："论 ICSID 对涉中国投资条约仲裁的管辖权"，载《法学杂志》2011 年第 7 期。

59. 沈虹："论 ICSID 对涉中国投资条约仲裁的管辖权——兼论 ICSID 涉中国第一案"，载《华南理工大学学报（社会科学版）》2012 年第 1 期。

60. 孙佳："环境时代下国民待遇原则受到的挑战及对策"，载《法制博览》2013 年第 2 期。

61. 孙法柏、唐洪霞："WTO 框架下可再生资源补贴的制度困境与消解路径"，载《昆明理工大学学报》2015 年第 1 期。

62. 宿培："国际投资争端中的公共利益抗辩——以环境保

护为视角",载《湖北警官学院学报》2013 年第 8 期。

63. 唐婧:"浅议'跨太平洋伙伴关系协议'的前沿议题和展望",载《法制博览》2014 年第 12 期。

64. 王彦志:"国际投资争端解决的法律化:成就与挑战",载《当代法学》2011 年第 3 期。

65. 王彦志:"国际投资法上公平与公正待遇条款改革的列举式清单进路",载《当代法学》2015 年第 6 期。

66. 王效文:"国际投资中环境保护法律问题研究——以《北美自由贸易协定》为例",载《北京邮电大学学报》2014 年第 5 期。

67. 王春婕:"论 WTO 体制下的单边环境措施",载《山东社会科学》2005 年第 12 期。

68. 王楠:"最惠国待遇条款在国际投资争端解决事项上的适用问题",载《河北法学》2010 年第 1 期。

69. 王效文:"试析外资公平公正待遇标准",载《时代法学》2008 年第 6 期。

70. 王毅:"WTO 国民待遇在服务贸易和知识产权领域的适用",载《法学研究》2004 年第 3 期。

71. 王海蓉:"《能源宪章条约》的征收问题分析",载《法制博览》2014 年第 2 期。

72. 王艳冰:"外资征收与环境保护——不补偿环境征收之合法性刍议",载《当代法学》2007 年第 4 期。

73. 王艳冰:"外资征收与环境保护——不补偿环境征收之合法性刍议",载《当代法学》2007 年第 4 期。

74. 王艳冰:"将环境保护纳入国际投资协定的必要性",载《法治论坛》2009 年第 5 期。

75. 王艳冰:"美国 BIT 范本的环境政策考量与变迁及其对

中国的启示"，载《理论与现代化》2014 年第 6 期。

76. 王艳冰："《能源宪章条约》中环境保护规定的缺陷——与晚近投资协定比较的视角"，载《前沿》2010 年第 4 期。

77. 王骞宇："论仲裁管辖权与司法管辖权之间的冲突"，载《哈尔滨师范大学社会科学学报》2013 年第 6 期。

78. 王鹊林："论尼日利亚 NIPC 法令对外国投资的保护"，载《哈尔滨学院学报》2010 年第 1 期。

79. 温树斌："国际商事仲裁管辖权若干法律问题探析"，载《河北法学》1999 年第 6 期。

80. 吴蕾、吴国蔚："我国国际贸易中环境成本转移的实证分析"，载《国际贸易问题》2007 年第 2 期。

81. 吴雪飞："国际商事仲裁管辖权研究"，载《法制与社会》2013 年第 3 期。

82. 辛辉、刘玲、刘永强："论外商投资仲裁中的几个法律适用问题"，载《商场现代化》2008 年第 17 期。

83. 徐崇利："从实体到程序：最惠国待遇适用范围之争"，载《法商研究》2007 年第 2 期。

84. 徐慧："国际投资条约中公平公正待遇条款的新发展"，载《法制博览》2015 年第 2 期。

85. 姚俊颖："国际环境法中的非歧视原则——一项正在形成的基本原则"，载《法制博览》2013 年第 1 期。

86. 杨基月："公平与公正待遇适用研究"，载《学术探索》2014 年第 4 期。

87. 杨洪："论《能源宪章条约》中的环境规范"，载《法学评论》2007 年第 3 期。

88. 杨洪："论《能源宪章条约》环境规范的适用"，载《法制与经济》2007 年第 6 期。

89. 杨洪："论《能源宪章条约》的国际软法属性"，载《科协论坛》2007 年第 4 期。

90. 杨淑君："浅谈 TBT 与 GATT 国民待遇原则的选择适用问题"，载《上海对外经贸大学学报》2014 年第 1 期。

91. 杨灵一："WTO 体制下单边 NPR-PPMs 措施的合理性及制度设计"，载《宜春学院学报》2015 年第 1 期。

92. 杨玲："论条约仲裁裁决执行中的国家豁免——以 ICSID 裁决执行为中心"，载《法学评论》2012 年第 6 期。

93. 叶萍、张志勋："论跨国公司污染转移的法律治理"，载《湖南科技大学学报》2013 年第 6 期。

94. 于文婕："论'投资'定义缺失对 ICSID 仲裁管辖的影响——《解决国家与他国国民间投资争端的公约》第 25 条的正当解读"，载《学海》2013 年第 5 期。

95. 余劲松："中国发展过程中的外资准入阶段国民待遇问题"，载《法学家》2004 年第 6 期。

96. 余劲松："国际投资条约仲裁中投资者与东道国权益保护平衡问题研究"，载《中国法学》2011 年第 2 期。

97. 余劲松："论国际投资法的晚近发展"，载《法学评论》1997 年第 6 期。

98. 余劲松、梁丹妮："公平公正待遇的最新发展动向及我国的对策"，载《法学家》2007 年第 6 期。

99. 余劲松、詹晓宁："国际投资协定的近期发展及对中国的影响"载《法学家》2006 年第 3 期。

100. 禹龙国："小议国际投资中的环境问题的法律规制"，载《社会科学家》2007 年增刊。

101. 袁古洁："论仲裁管辖权冲突"，载《西南政法大学学报》2002 年第 1 期。

102. 臧立："论国际服务贸易中的国民待遇问题"，载《法商研究（中南政法学院学报）》1998 年第 5 期。

103. 曾令良、陈卫东："论 WTO 一般例外条款（GATT 第20 条）与我国应有的对策"，载《法学论坛》2005 年第 4 期。

104. 曾加、王萍丽："国际能源投资争议的解决机制研究——以《能源宪章条约》为例"，载《宁夏大学学报（人文社会科学版）》2008 年第 1 期。

105. 湛茜："论 ICSID 仲裁中当事方的'同意'"，载《北京仲裁》2010 年第 1 期。

106. 章成："全球治理与国家主权理论：影响与展望"，载《大连海事大学学报（社会科学版）》2014 年第 6 期。

107. 张光："论对跨国投资的环境法规制"，载《经济研究导刊》2012 年第 7 期。

108. 张庆麟、余海鸥："论比例原则在国际投资仲裁中的适用"，载《时代法学》2015 年第 4 期。

109. 张梓太、沈灏："全球因应气候变化的司法诉讼研究——以美国为例"，载《江苏社会科学》2015 年第 1 期。

110. 张淑苹、李俊然："浅谈国际投资与环境保护——兼论中国之法律对策"，载《广西金融研究》2008 年第 7 期。

111. 张苏锋："BIT'公平公正待遇'条款中保护投资者合理期待的标准研究"，载《金陵法律评论》2013 年第 2 期。

112. 张薇："论国际投资协定中的环境规则及其演进——兼评析中国国际投资协定的变化及立法"，载《国际商务研究》2010 年第 1 期。

113. 张骞："美国 BIT 的最新发展及对我国完善双边投资协定的启示"，载《武大国际法评论》2013 年第 1 期。

114. 张辉："论跨国投资环境法律责任的特点"，载《池州师专学报》2004 年第 2 期。

115. 张长征："浅析国际投资法中公平公正待遇"，载《法制博览》2015 年第 12 期。

116. 赵燕："论伞式条款在双边投资协定中的作用"，载《现代商贸工业》2009 年第 7 期。

117. 赵荣辉："我国外商投资与环境标准关系问题的法律探讨"，载《辽宁省经济管理干部学院学报》2014 年第 2 期。

118. 郑航："论遵循先例原则在国际投资法中的体现"，载《法制与经济》2015 年第 9 期。

119. 周安平、陈云："国际法视野下非物质文化遗产知识产权保护模式选择——以国民待遇为视点的探讨"，载《知识产权》2009 年第 1 期。

120. 左艳君："BIT 中与 ICSID 管辖权有关问题的探究"，载《才智》2010 年第 7 期。

121. 朱克鹏："国际投资争议法律适用理论的发展趋势"，载《法学杂志》1990 年第 4 期。

122. 朱学磊："美国管制性征收界定标准之流变——以联邦最高法院判例为中心"，载《研究生法学》2013 年第 5 期。

123. 朱文龙："我国在国际投资协定中对国民待遇的选择"，载《河北法学》2014 年第 3 期。

124. 朱明新："最惠国待遇条款适用投资争端解决程序的表象与实质——基于条约解释的视角"，载《法商研究》2015 年第 3 期。

125. 朱阿丽："国际投资自由化与可持续发展原则的价值冲突与法律协调"，载《商业时代》2011 年第 5 期。

126. 朱雅妮："'一带一路'对外投资中的环境附属协定模式——以中国—东盟自由贸易区为例"，载《江西社会科学》

2015 年第 10 期。

127. 祝海燕："论我国双边投资条约对 ICSID 管辖权的接受"，载《重庆科技学院学报（社会科学版）》2009 年第 1 期。

外文译著：

1. ［英］伊恩·布朗利：《国际公法原理》，法律出版社 2007 年版。

2. ［美］E. 博登海默：《法理学、法律哲学与法律方法》，邓正来译，中国政法大学出版社 2004 年版。

3. ［美］杰拉德·波斯特玛：《边沁与普通法传统》，徐同远译，法律出版社 2014 年版。

4. ［美］罗斯科·庞德：《法律史解释》，邓正来译，商务印书馆 2013 年版。

外文原著及文献：

1. Alvarez, José E. , *The Public International Law Regime Governing Internatinoal Investment. Pocketbooks of The Hague Academy of International Law.* Maubeuge France：Printed by Triangle Bleu, 2011.

2. Antonia, Layard, "The European Energy Charter Treaty：Tipping the Balance between Energy and the Environment." *European Environmental Law Review* 4, no. 5（1995）.

3. Beharry, Christina L. , and Melinda E. Kuritzky. "Going Green：Managing the Environment through International Investment Arbitration." *American University International Law Review*, 30（2015）.

4. Bernardini, Piero, "Investment Protection under Bilateral Investment Treaties and Investment Contracts." *Journal of World Investment*, 2（2001）.

5. Bernasconi-Osterwalder, Nathalie, and Lise Johnson. "In-

ternational Investment Law and Sustainable Development-Key Cases from 2000-2010. " *International Insitute for Sustainable Development.*

6. Brazell, Lorna, "Draft Energy Charter Treaty: Trade, Competition, Investment and Environment. " *Journal of Energy & Natural Resources Law*, 12 (1994).

7. Brower, Charles H. II. , "Why the FTC Notes of Interpretation Constitute a Partial Amendment of NAFTA Article 1105. " *Virginia Journal of International Law*, 46 (2006 2005).

8. Burke-White, William W. , "Argentine Financial Crisis: State Liability under BITs and the Legitimacy of the ICSID System, The. " *Asian Journal of WTO and International Health Law and Policy*, 3 (2008).

9. Christie, G. C. , "What Constitutes a Taking of Property under International Law. " *British Year Book of International Law*, 38 (1962).

10. Coletta, Raymond R. , "Measuring Stick of Regulatory Takings: A Biological and Cultural Analysis, The. " *University of Pennsylvania Journal of Constitutional Law*, 1 (1999 1998).

11. de Vietri, Raphael, "Fair and Equitable Treatment for Foreign Investment: What Is the Current Standard at International Law. " *International Trade and Business Law Review*, 14 (2011).

12. Dodd, E. Merrick, "Fair and Equitable Recapitalizations. " *Harvard Law Review*, 55 (1942 1941).

13. Dolzer, Rudolf, "Fair and Equitable Treatment: Today's Contours. " *Santa Clara Journal of International Law*, 12 (2014 2013).

14. Energy Charter Secretariat, *The International Energy Charter*

Consolidated Energy Charter Treaty with Related Documents, 2015.

15. Fabri, Helene Ruiz, "Approach Taken by the European Court of Human Rights to the Assessment of Compensation for Regulatory Expropriations of the Property of Foreign Investors, The." *New York University Environmental Law Journal*, 11 (2003 2002).

16. "Fair and Equitable Treatment in International Law." *American Society of International Law Proceedings*, 100 (2006).

17. Foy, Patrick G., Robert J. C. Deane, "Foreign Investment Protection under Investment Treaties: Recent Developments under Chapter 11 of the North American Free Trade Agreement." *ICSID Review*, 16, no. 2 (September 21, 2001), 299 – 331. doi: 10. 1093/icsidreview/16. 2. 299.

18. Franck, Susan D., "Foreign Direct Investment, Investment Treaty Arbitration, and the Rule of Law." *Pacific McGeorge Global Business & Development Law Journal*, 19 (2006).

19. S. Friedman. *Expropriation in International Law*, 1954, praeger, 206.

20. Gaines, Sanford E., "Sustainable Development and National *Security.*" *William and Mary Environmental Law and Policy Review*, 30 (2006 2005).

21. Goco, Jonell B., "Non-Discrimination, 'Likeness', and Market Definition in World Trade Organization Jurisprudence." *Journal of World Trade*, 40, no. 2 (April 1, 2006).

22. Gordon, Kathryn, Joachim Pohl, "Environmental Concerns in International Investment Agreements." *OECD Working Papers on International Investment. Paris: Organisation for Economic Co-operation and Development*, June 1, 2011.

23. Gordon, Kathryn, Joachim Pohl, Marie Bouchard, "Investment Treaty Law, Sustainable Development and Responsible Business Conduct: A Fact Finding Survey." *OECD Working Papers on International Investment*. Paris: *Organisation for Economic Co-operation and Development*. July 23, 2014.

24. "Guiding Principles on the Environment." *International Legal Materials*, 11 (1972).

25. Guntrip, Edward, "Labour Standards, the Environment and US Model BIT Practice: Where to Next." *Journal of World Investment & Trade*, 12 (2011).

26. Hird, Rachel A., "Thomas W. Walde and Fair and Equitable Treatment." *Journal of Energy and Natural Resources Law*, 27 (2009).

27. Hirsch, Moshe, "Between Fair and Equitable Treatment and Stabilization Clause: Stable Legal Environment and Regulatory Change in International Investment Law." *Journal of World Investment & Trade*, 12 (2011).

28. Hober, Kaj, "The Energy Charter Treaty- An Overview." Journal of World Investment & Trade 8 (2007).

29. Ishikawa, Tomoko, "Third Party Participation in Investment Treaty Arbitration." *International & Comparative Law Quarterly*, 59, no. 02 (2010): 373-412. doi: 10.1017/ S0020589310000059.

30. Jackson, J. H., *The World Trading System: Law and Policy of International Economic Relations*. Second Edition. Cambridge: MIT Press, 1997.

31. Jorge E. Vinuales, *Foreign Investment and the Environment in International Law*. Cambridge University Press.

32. Joshua Elcombe, "Regulatory Powers vs. Investment Protection under NAFTA's Chapter 1110: Metaclad, Methanex, and Glamis Gold Senior Board Notes, Comments and Reviews," *University of Toronto Faculty of Law Review*, 68 (2010).

33. Kazazi, Mojtaba, and Bette E. Shifman, "Evidence before International Tribunals – Introdution." *International Law FORUM Du Droit International*, 1 (1999).

34. Knox, John H., "The Neglected Lessons of the NAFTA Environmental Regime." *Wake Forest Law Review*, 45 (2010).

35. Kolo, Abba, "Investor Protection vs Host State Regulatory Autonomy during Economic Crisis: Treatment of Capital Transfers and Restrictions under Modern Investment Treaties." *Journal of World Investment & Trade*, 8 (2007).

36. Laird, Ian A., "Betrayal, Shock and Outrage – Recent Developments in NAFTA Article 1105", *Asper Review of International Business and Trade Law*, 3 (2003).

37. Lehmen, Alessandra, "Case for the Creation of an International Environment Court: Non-State Actors and International Environmental Dispute Resolution, The." *Colorado Natural Resources, Energy & Environmental Law Review*, 26 (2015).

38. Mann, Howard, "Reconceptualizing International Investment Law: Its Role in Sustainable Development." *Lewis & Clark Law Review*, 17 (2013).

39. Mc Nair, "The General Principles of Law Recognized by Civilized Nations." *British Year Book of International Law*, 1 (1957).

40. Miles, Kate, "International Investment Law: Origins, Im-

perialism and Conceptualizing the Environment. " *Colorado Journal of International Environmental Law and Policy*, 21 (2010).

41. Moloo, Rahim, and Justin Jacinto, " Environmental and Health Regulation: Assessing Liability under Investment Treaties. " *Berkeley Journal of International Law*, 29 (2011).

42. Mountfield, Helen, "Regulatory Expropriations in Europe: The Approach ofthe European Court of Human Rights. " *New York University Environmental Law Journal*, 11 (2003 2002).

43. M. Sornarajah. *The International Law on Foreign Investment.* Third Edition. Cambridge University Press, 2012.

44. NAFTA Free Trade Commission. Notes of Interpretation of Certain Chapter 11 Provisions, 2001.

45. Newcombe A, and Paradell L. , *Law and Practice of Investment Treaties: Standards of Treatment.* The Hague: Kluwer Law International, 2009.

46. Nogales, Francisco S. , " The NAFTA Environmental Framework, Chapter 11Investment Provisions, and the Environment. " *Annual Survey of International & Comparative Law*, 8 (2002).

47. OECD, "Fair and Equitable Treatment Standard in International Investment Law." *OECD Working Papers on International Investment. Paris: Organisation for Economic Co-operation and Development*, September 1, 2004.

48. OECD, "Fair and Equitable Treatment Standard in International Investment Law. " *InInternational Investment Law: A Changing Landscape.* Organisation for Economic Co-operation and Development, 2006.

49. OECD, "Reports on G20 Trade AND Investment Measures." Accessed October 27, 2015.

50. Ogutcu, Mehmet. "New Horizons for International Investment and Sustainable Development." *Journal of World Investment*, 3 (2002).

51. Park, Deok-Young, and Seu-Yeun Lee, "Analysis of Environment-Related Investment Arbitration Cases under NAFTA and Their Implications for the Korea-U. S. FTA." *Journal of Arbitration Studies*, 22 (2012).

52. Pencier, Joseph de., "Investment, Environment and Dispute Settlement: Arbitrationunder NAFTA Chapter Eleven." *Hastings International and Comparative Law Review*, 23 (2000 1999).

53. Peter T., Muchlinski. *Multinational Enterprises & the Law*. Second Edition. Oxford University Press, 2007.

54. Raymond Doak Bishop, James Crawford, and W. Michael Reisman, *Foreign Investment Disputes: Cases, Materials and Commentary*. Kluwer Law International, 2005.

55. Roberts, Anthea, "Clash of Paradigms: Actors and Analogies Shaping the Investment Treaty System." *American Journal of International Law*, 107 (2013).

56. Roberts, Anthea, "Power and Persuasion in Investment Treaty Interpretation: The Dual Role of States." *American Journal of International Law*, 104 (2010).

57. Rudolf Dolzer, and Christoph Schreuer, *Principles of International Investment Law*. Oxford University Press, 2008.

58. Ryan, Margaret Clare, "Glamis Gold, Ltd. v. the United States and the Fair and Equitable Treatment Standard." *McGill Law*

Journal, 56 (2011 2010).

59. Schreuer, Christoph, "Jurisdiction and Applicable Law in Investment Treaty Arbitration." *McGill Journal of Dispute Resolution*, 1 (2015 2014).

60. Schreurer, Christoph, "Fair and Equitable Treatment in Arbitral Practice."; "Journal of World Investment & Trade", 6 (2005).

61. Secretariat CEC, "Coal-Fired Power Plants Factual Record Regarding Submission SEM−04−005." Montreal, Canada, 2014.

62. Secretariat CEC, "Final Factual Record-Prepared in Accordance with Article 15 of the North American Agreement on Environmental Cooperation in Relation to the 'Cruise Ship Pier Project in Cozumel, Quintana Roo,'" October 27, 1997.

63. Sheridan, Maurice, "Investment Policy and the Environment: The Role for European Community Law." *Connecticut Journal of International Law*, 8 (1993 1992).

64. Simon Lester, Bryan Mercurio, Arwel Davies, and Kara Leitner, *World Trade Law: Text, Materials and Commentary*. Oxford and Portland, Oregon: Hart Publishing, 2008.

65. Studer, Isabel, "The NAFTA Side Agreements: Toward a More Cooperative Approach." *Wake Forest Law Review*, 45 (2010).

66. "The Proposed Convention to Protect Private ForeignInvestment——Introduction." *Journal of Public Law*, 9 (1960).

67. Thomas, J. C., "Reflections on Article 1105 of NAFTA: History, State Practice and the Influence of Commentators." *ICSID Review*, 17, no. 1 (March 20, 2002): 21−101. doi: 10. 1093/icsidreview/17. 1. 21.

68. The Corfu Channel Case (UK v. Albania), I. C. J. Report 1949, p. 4. (ICJ 1949).

69. "Trade, Investment, and the Environment: Closed Boxes." *American Society of International Law Proceedings*, 100 (2006).

70. Ueda, Junko, "Exploring a Balance in Trade-Environment Issues: Approaching the NAFTA and ASEAN." *European Business Law Review*, no. 9/10 (2001).

71. UNCTAD. *Expropriation: UNCTAD Series on Issues in International Investment Agreements* II. UNCTAD/DIAE/IA/2011/7. New York and Geneva: United Nations Publication, 2012.

72. UNCTAD. *Fair and Equitable Treatment——UNCTAD Series on Issues in International Investment Agreements*. Vol. Vol. III. UN Symbol: UNCTAD/ITE/IIT/11. Manufactured in Switzerland: United Nations Publication.

73. UNCTAD. *Fair and Equitable Treatment——UNCTAD Series on Issues in International Investment Agreements* II. UNCTAD/DIAE/IA/2011/5. New York and Geneva: United Nations Publication.

74. UNCTAD. "Lastest Developments in Inrestor-State Dispute Settlement," 2012 New York and Geneva: United Nations Publication.

75. UNCTAD. *Most-Favoured-Nation Treatment——UNCTAD Series on Issues in International Investment Agreements* II. UNCTAD/DIAE/IA/2010/1. New York and Geneva: United Nations Publication, 2010.

76. UNCTAD. *National Treatment——UNCTAD Series on Issues in International Investment Agreements*. Vol. IV. UN Symbol:

UNCTAD/ITE/IIT/11. Manufactured in Switzerland: United Nations Publication, 1999.

77. UNCTAD. *Taking of Property*. UNCTAD/ITE/IIT/15. New York and Geneva: United Nations Publication, 2000.

78. UNCTAD. World Investment Report 2001. Accessed October 12, 2015.

79. UNCTAD. World Investment Report 2014. UNCTAD/WIR/2014. Accessed August 18, 2015.

80. United Nations. *Summaries of Judgments, Advisory Opinions and Orders of the International Court of Justice* 1948–1991. Sales No. E. 92. V. 5. ST/LEG/SER. F/1. New York: United Nations Publication, 1992.

81. United Nations. *Summaries of Judgments, Advisory Opinions and Orders of the International Court of Justice* 2008 – 2012. Sales No. E. 13. V. 9. ST/LEG/SER. F/1/Add. 5. New York: United Nations Publication, 2013.

82. United Nations. *Summaries of Judgments, Advisory Opinions and Orders of the Permanent Court of International Justice*. Sales No. E. 12. V. 18. ST/LEG/SER. F/1/Add. 4. New York: United Nations Publication, 2012.

83. Vega-Canovas, Gustavo, "NAFTA and the Environment. " *Denver Journal of International Law and Policy*, 30 (2002 2001).

84. Waelde, Thomas, and Abba Kolo, "Environmental Regulation, Investment Protection and Regulatory Taking in International Law. " *International and Comparative Law Quarterly*, 50 (2001).

85. Wagner, J Martin, "International Investment, Expropriation and Environmental Protection. " *Golden Gate University Law Re-*

view, 29（1999）.

86. Wagner, Markus, "Regulatory Space in International Trade Law and International Investment Law." *University of Pennsylvania Journal of International Law*, 36（2015 2014）.

87. Wagner, Markus, "Taking Interdependence Seriously: The Need for a Reassessment of the Precautionary Principle in International Trade Law." *Cardozo Journal of International and Comparative Law*, 20（2012 2011）.

88. Walde, Thomas W., "Energy Charter Treaty-Based Investment Arbitration: Controversial Issues." *Journal of World Investment & Trade*, 5（2004）.

89. Wilson, Karen E., "New Investment Approaches for Addressing Social and Economic Challenges." *OECD Science, Technology and Industry Policy Papers. Paris: Organisation for Economic Co-operation and Development*, July 1, 2014.

90. Wyllie, Candice A., "Comparative Analysis of Nondiscrimination in Multilateral Agreements; North American Free Trade Agreement（NAFTA）, Energy Charter Treaty（ECT）, and General Agreement on Tariffs and Trade（GATT）." *Willamette Journal of International Law and Dispute Resolution*, 18（2010）.

外文案例:

1. ADC Affiliate Limited and ADC & ADMC Management Limited v. Republic of Hungary, Award（ICSID 2006）.

2. ADF Group Inc. v. United States of America,（ICSID 2003）.

3. Antoine Biloune（Syria）and Marine Drive Complex Ltd.（Ghana）v. Ghana Investment Centre and the Government of Ghana, Ad Hoc-Award（1989）.

4. Asian Agricultural Products Ltd. (AAPL) v. The Republic of Sri Lanka, Award (ICSID 1990).

5. Azurix Corp. v. Argentine Republic, Award (ICSID 2006).

6. Bayview Irrigation District et al. v. United Mexican States, Award (ICSID 2007).

7. Canada v. European Communities, (WTO Panel 2000).

8. Case Concerning Elettronica Sicula S. P. A. (ELSI) (the US vs. Italy), Judgement (ICJ 1989).

9. CMS Gas Transmission Company v. Argentine Republic, Award (ICSID 2005).

10. Emilio Agustín Maffezini v. the Kingdom of Spain, Award (ICSID 2000).

11. Enron Creditors Recovery Corporation (formerly Enron Corporation) and Ponderosa Assets, L. P. v. Argentine Republic, Award (ICSID 2007).

12. GabCikovo-Nagymaros Project (Hungary v. Slovakia), (ICJ 1997).

13. GAMI Investments v. United Mexican States, (UNCITRAL 2004).

14. Generation Ukraine Inc. v. Ukraine, Award (ICSID 2003).

15. Germany v. Poland, Judgement (Permanent Court of International Justice 1925).

16. Glamis Gold. Ltd. v. United States of America, Award (UNCITRAL Arbitration (NAFTA) 2009).

17. James and Others v. United Kingdom, (Eur. Ct. H. R. 1986).

18. LG&E Energy Corp. , LG&E Capital Corp. and LG&E InternationalInc. v. Argentine Republic, Decision on Liability (ICSID

2006）.

19. LG&E Energy Corp. , LG&E Capital Corp. and LG&E International Inc. v. Argentine Republic, Award（ICSID 2007）.

20. LHF Neer and Paulinee Neer（United States）vs. Mexico,（1926）4 RIAA 60（21 AJIL（1927）555（US-Mexico General Claims Commission 1926）.

21. Marvin Roy Feldman Karpa v. United Mexican States, Award（ICSID 2002）.

22. Merrill & Ring Forestry L. P. v. The Government of Canada, Award, UNCITRAL（ILM 2010）.

23. Metalclad Corporation v. United Mexican States, Award（ICSID 2000）.

24. Methanex Corporation v. United States of America, Final Award of The Tribunal on Jurisdiction and Merits,   （UNCITRAL 2005）.

25. Mondev International Ltd. v. United States of America, Award（ICSID 2002）.

26. Norway v. the United States, Award（Permanent Court of Arbitration 1922）.

27. Oscar Chinn Case（UK v. Belgium）,（PCIJ 1934）.

28. Parkerings-Compagniet AS v. Republic of Lithuania, Award（ICSID 2007）.

29. Pennsylvania Coal Co. v. Mahon,   （Supreme Court of the United States, 260 U. S. 393, 43 S. Ct. 158, 67 L. Ed. 322 1922）.

30. Peter A. Allard（Canada）v. The Government of Barbados, PCA Case No. 2012-06.

31. Pope & Talbot Inc. v. The Government of Canada, Counter-memorial of Phase 2 (2001).

32. Pope & Talbot Inc. v. The Government of Canada, Award in Respect of Damages (2001).

33. Pope & Talbot Inc. v. The Government of Canada, Award on the Merits of Phase 2 (2001).

34. Pulp Mills on the River Uruguay (Argentina v. Uruguay), Judgement (ICJ 2010).

35. S. D. Myers Inc. v. Canada, Partial Award NAFTA (UN-CITRAL) (I. L. M. 2000).

36. Siemens A. G. v. Argentine Republic, Award (ICSID 2007).

37. Southern Pacific Properties (Middle East) Limited v. Arab Republic of Egypt, Award (ICSID 1992).

38. Suez, Sociedad General de Aguas de Barcelona S. A. and Interagua Servicios Integrales de Agua S. A. v. Argentine Republic, Award (ICSID 2015).

39. Suez, Sociedad General de Aguas de Barcelona S. A. and Vivendi Universal S. A. v. Argentine, Order in Response to a Petition for Transparency and Participation as Amicus Curiae (ICSID 2005).

40. Técnicas Medioambientales Tecmed, S. A. v. United Mexican States, Award (ICSID 2003).

41. United States – Import Prohibition of Certain Shrimp and Shrimp Products, (WTO Appellate Body 2001).

42. Waste Management, Inc. v. United Mexican States, Award (ICSID 2000).

43. Waste Management, Inc. v. United Mexican States II, Award (ICSID 2004).

学位论文:

1. 白晓宇:"国际投资协定中的环境条款评析",外交学院 2013 年硕士学位论文。

2. 董浩:"国际投资中的环境保护法律问题研究",兰州大学 2011 年硕士学位论文。

3. 李婷婷:"国际投资条约中的可持续发展问题的研究",山东大学 2014 年硕士学位论文。

4. 李歌:"北美自由贸易区环境法律制度探析",中国政法大学 2006 年硕士学位论文。

5. 罗平:"美国 BIT 范本(2012)'环境规则'及中国对策",华东政法大学 2014 年硕士论文。

6. 王晶:"国际投资法中的环境利益平衡规制研究",浙江大学 2011 年硕士学位论文。

7. 于文超:"WTO 下环境例外措施正当性标准研究",湖南大学 2007 年硕士学位论文。

8. 张虹雨:"国际投资协定与国内环境措施的法律冲突与协调",中国人民大学 2011 年硕士学位论文。

其他资料:

1. "我国对外签订双边投资协定一览表 Bilateral Investment Treaty", 载 http://tfs.mofcom.gov.cn/article/Nocategory/201111/20111107819474.shtml.

2. 联合国规划环境署:"迈向绿色经济:实现可持续发展和消除贫困的各种途径", 载 http://www.unep.org/greeneconomy.

3. "2012 年联合国可持续发展大会——里约峰会", 载 http://baike.baidu.com/link? url = QefilPPps5FCoNL _ RtOY7ig7sT5jUUsupU-

2WAZHcmU56KlIx7IqwCZJtwdu-8Pnpv3862mAtNaOGTs6HEeBZuK.

4. "2012 U. S. Model Bilateral Investment Treaty", Accessed October 24, 2015, https：//ustr. gov/sites/default/files/BIT%20text%20for%20ACIEP%20Meeting. pdf.

5. Canada, Foreign Affairs and International Trade, and NAFTA. , "North American Free Trade Agreement ｜ NAFTANow. org. " Accessed November 8. 2015. http：//www. naftanow. org/about/default_ en. asp.

6. CEC. , "2011 Annual Report. " Accessed November 25, 2015. http：//www. cec. org/Storage/159/18840 _ CEC _ 2011 _ AR _ V1-e2-rev. 20Oct2014. pdf.

7. "CEC － About Us：Council Resolution 00－09. " Accessed November 13, 2015. http：//www. cec. org/Page. asp? PageID ＝ 122&ContentID＝1143&SiteNodeID＝275&BL_ ExpandID＝566.

8. "CEC － About Us：North American Agreement On Environmental Cooperation. " Accessed November 10, 2015. http：//www. cec. org/Page. asp? PageID＝1226&SiteNodeID＝567.

9. "CEC － JPAC：Joint Public Advisory Committee（JPAC）. " Accessed November 13, 2015. http：//www. cec. org/Page. asp? PageID＝1226&SiteNodeID＝208&BL_ ExpandID＝567.

10. " CEC － SEM：Cozumel. " Accessed November 27, 2015. http：//www cec. org/Page. asp? PageID＝2001&ContentID＝2346&SiteNodeID＝250&BL_ ExpandID＝.

11. "CEC － SEM：Factual Records. " Accessed November 30, 2015. http：//www. cec. org/Page. asp? PageID＝1226&SiteNodeID＝543.

12. "CEC － SEM：View Submissions by Year. " Accessed November 30, 2015. http：//www. cec. org/Page. asp? PageID ＝

749&SiteNodeID=541.

13. "Energy Charter Treaty – Energy Charter." Accessed December 10, 2015. http：//www. energycharter. org/process/energy-charter-treaty-1994/energy-charter-treaty/.

14. "International Energy Charter（2015）– Energy Charter." Accessed December 18, 2015. http：//www. energycharter. org/process/international-energy-charter-2015/.

致 谢

入学 6 年，因各种原因延宕至今方成此文。期间，源于无知、困惑及工作中种种无奈的惶恐、忧虑一如昨日，历历在目，并成为今后继续求学解惑的根本动力。回顾整个论文写作过程，最大的收获并非完成了这篇文章，而是在撰写过程中深刻体会了自己在专业领域中知识、思维和价值观上的种种缺憾，并因此明确了今后人生的方向。

首先，谨以最诚挚的敬意感谢我的导师余劲松教授，是他以学者的风骨、大家的气度、深邃的思维、广阔的视野引导我不断阅读、思考，在完善论文的同时，完善了对工作和人生的认知。论文从选题、结构设计、确定提纲、修改论证结构到案例筛选，全都凝结了导师的心血和智慧。

同时，要感谢我的师母邵沙平教授。她严谨的治学态度、渊博的知识和高尚的人格给我留下了深刻的印象。每有困惑及难处向邵老师求助时，必有耐心的指导、睿智的回答以及温暖且坚定的支持。

感谢外交学院江国青教授、杨慧芳教授、许建中教授的引荐及厚爱，感谢人民大学法学院韩立余教授、赵秀文教授、杜焕芳教授、朱文奇教授对论文的悉心点评，感谢中南大学法学院毛俊响教授，人民大学王立君师姐，我的同门颜苏副教授、王佳、李活力、张幼平、刘晓华以及我的同事陈富智先生、贾渭茜女士一直以来的支持、关心和协助。

感谢吕伟耀先生和所有关注我、关心我的朋友。

感谢我的父母、妻子，亲情是我面对困难最大的动力。感谢我的儿子，你的到来是我求学期间最温暖的礼物！

路漫漫其修远兮，吾将上下而求索。

诚惶诚恐之际，聊以此段自勉！并怀感恩之心，于茫然中砥砺前行。

冯　光

2022 年 1 月 28 日